KB071732

**걱정을
잘라드립니다**

SHORT CUTS TO HAPPINESS by Tal Ben-Shahar

Copyright © 2017 by Tal Ben-Shahar

All rights reserved.

This Korean edition was published by Chungrim Publishing Co., Ltd. in 2019 by arrangement
with Tal Ben-Shahar c/o ICM/Sagalyn through KCC(Korea Copyright Center Inc.), Seoul.

이 책은 ㈜한국저작권센터(KCC)를 통한 저작권자와의 독점계약으로 청림출판㈜에서 출간되었습니다.
저작권법에 의해 한국 내에서 보호를 받는 저작물이므로 무단전재와 복제를 금합니다.

하버드 교수가 사랑한 이발사의 행복학개론

걱정을
잘라드립니다

탈 벤 샤하르 지음 | 서유라 옮김

Short Cuts to Happiness

청림출판

한 그루의 나무가 모여 푸른 숲을 이루듯이
청림의 책들은 삶을 풍요롭게 합니다.

～

우리의 외면과 내면을
더욱 아름답게 만들어주는
세상 모든 이발사와 미용사에게
이 책을 바칩니다.

～

머리를 자르는 동안 내가 배운 것들

우리는 변화를 위해 미용실이나 이발소를 찾는다. 그곳에서 우리는 섬세한 손질부터 과감한 커트까지, 은은한 염색부터 눈에 확 띄는 컬러 변화까지 모든 것을 추구한다. 그러나 손님 중 상당수는 외모의 변화를 뛰어넘는 무언가를 원한다. 때로는 은밀히, 때로는 대놓고, 그들은 겉으로 보이는 헤어스타일 이상의 변화를 얻고자 한다. 우리가 진정으로 원하는 것은 내면의 변화다. 우리는 머릿속에 들어 있던 생각이 슬쩍, 혹은 과감하게 바뀌길 희망한다.

많은 사람이 단골 미용사나 이발사와 특별한 관계를 맺는 이유가 바로 여기에 있다. 우리는 날카로운 가위를 자유자재로 다루는 그들의 손에 대한 신뢰를 더 넓은 영역으로 넓혀, 어느새 내면의 걱정과 불안, 슬픔과 비밀을 그들에게 마음 편히 털어놓는다. 그렇게 경계심이 녹아내리고 저항이 사그라지며 세상과 자신을 갈라놓던 벽이 무너진 순간, 우리는 듣고, 배우고, 성장할 준비를 갖춘다.

이 책은 텔아비브^{Tel Aviv} 교외 지역인 라마트하샤론^{Ramat Hasharon}의 조그마한 동네에서 거의 20년 동안 작은 이발소를 운영해온 내 단골 이발사 아비 페레츠^{Avi Peretz}가 전해준 지혜를 담고 있다. 동네 상가에 있는 그의 가게는 제이콥네 잡화점과 유발네 편의점, '캐러멜'이라는 이름의 카페 사이에 자리 잡은 채 동네의 익숙

한 풍경 속에 녹아들어 있다. 상가는 깨진 타일이 군데 군데 박힌 포장도로로 둘러싸여 있고, 길가에는 한때 쨍한 초록빛을 자랑했으나 이제는 지중해의 따가운 햇 살에 바래버린 나무 벤치와, 근처 주택가의 주민들이 사용하는 우편함 수십 개가 흩어져 있다. 그 옆에는 도 로를 뚫고 뿌리를 뻗어내린 오래된 나무가 우뚝 서서 이 모든 광경을 지그시 내려다본다. 사업 얘기를 하는 어른들과 술래잡기 놀이를 하는 아이들, 동네의 고양 이와 강아지와 비둘기들은 나무가 드리워준 그늘 아래 서 평화롭게 공존한다.

이런 풍경 속에서 아비의 이발소는 이웃에 사는 남 녀노소 모든 이에게 머리 손질보다 훨씬 많은 것을 제 공하는 모임 장소로 자리를 잡았다. 그의 느긋한 태도 와 따뜻한 환대, 빛나는 재치와 통찰력 있는 지혜는 빠 른 변화와 첨단 기술로 점철된 현대 사회가 채워주지 못하는 가치를 우리에게 전해준다.

나는 미국에서 이스라엘로 돌아온 직후인 2010년부터 아비의 이발소에 다녔다. 그곳에서 보낸 시간은 늘 즐거웠고, 늘 배울 것이 있었다. 그러나 내가 그에게서 얻은 교훈을 글로 기록하기 시작한 것은 2014년부터였다. 그 시기는 내가 박사학위 논문을 제출한 지 딱 10년쯤 되던 무렵이었다. 단순한 우연이었는지, 내 무의식이 저도 모르게 몸을 조종한 것인지는 모르겠다.

나는 학업을 마친 2004년 이래로 쭉 학교에 돌아가고 싶었다. 그때까지 인생의 대부분을 보냈던 공식적인 배움의 장소에서 다시 한 번 뭔가를 배우고 싶었다. 물론 졸업한 뒤에도 공부를 계속하긴 했지만, 학생 때처럼 선생님과 얼굴을 마주하고 뭔가를 배우던 시절이 그리웠다.

그런 의미에서 이 책을 쓰는 작업은, 비록 교과 과정

에 없는 공부긴 했지만, 내가 그토록 원했던 배움터로 돌아가는 과정이었다. 나는 교실 대신 이발소로 등교했고, 선생님 대신 이발사에게 수업을 들었다. 수업 시간은 길지 않았고 강의 사이사이에는 침묵이 있었다. 그러나 이론보다 실용적 지혜로 가득 찬 그 시간은 내게 큰 영감을 주었고 깊은 자극이 되었다.

  나는 아비에게서 배운 물질적, 정신적 지혜를 이 책에 잘 담아내고 싶었고, 이러한 주제를 가장 효과적으로 전달하기 위해 이야기를 시간순으로 배열했다. 그러다 보니 약 2년에 걸친 이야기를 전하는 동안 비슷한 교훈이 두 번 이상 등장하는 경우도 있다. 일반적인 방식으로 원고를 썼다면 유사한 내용은 따로 묶어 같은 꼭지로 구성했을 것이다. 그러나 나는 그러한 일반적 구성이 유기적이고 자연스러우며 틀에 얽매이지 않은, 마치 우리의 인생과 닮은 아비의 가르침을 제대로 표현하지 못한다고 느꼈다.

　이 책을 제대로 활용하고 싶다면 우선 시간을 들여 한 꼭지를 읽은 뒤 몇 분 동안 생각하는 시간을 갖길 권한다. 방금 읽은 내용을 고요히 돌이켜보고, 그 교훈이 마음속에 온전히 스며들 때까지 기다리는 것이다. 책을 끝까지 다 읽은 후에도 책상이나 침대맡 탁자에 놓아둔 채 하루에 한 꼭지씩 읽고, 그 이야기에서 얻은 통찰을 그날의 일상에 적용해보자. 처음부터 순서대로 읽어도 좋고, 차례를 보고 그날 읽을 꼭지를 마음대로 골라도 좋다. 책을 아무 곳이나 펴서 선택을 운명에 맡기는 것도 좋은 방법이다. 그러다 보면 행복의 지름길을 발견할 수 있을 것이다.

차례

차 례

Short Cuts To

평범한 이발사가 들려준 일상의 가치

Happiness

2014년 3월 14일, 나는 인생의 '큰 그림'에 대한 질문을 놓고 실존적 고민에 빠져 허우적대고 있었다.

'이다음엔 뭘 해야 하지?'
'나는 남은 인생을 어떻게 보내고 싶은 걸까?'
'나는 진정한 변화를 경험하는 중일까?'
'이 가운데 진짜 중요한 문제가 있기는 할까?'

당시 나는 긍정심리학Positive Psychology을 가르치는 1년 코스의 집중 강좌를 막 마친 상태였고, 몰입 뒤에 흔히 찾아오는 공허감에 시달리고 있었다.

당장 다음 강의를 하러 중국까지 장거리 비행을 해야 한다는 사실은 이러한 고민을 더욱 키웠다. 나는 힘들게 바위를 굴려가며 산을 올랐지만 꼭대기에 도달하자마자 기슭으로 끌려내려와 같은 행동을 끝없이 반복하는 신화 속 시시포스^{Sisyphus}를 떠올렸다.

마침 손질을 더 미룰 수 없을 정도로 머리가 덥수룩한 상태였기에, 나는 공항으로 출발하기 두어 시간 전에 단골 이발사 아비 페레츠를 찾았다. 이발소 소파에 앉아 순서를 기다리는 동안, 한 여성 손님이 아비에게 비행기 조종사 면허를 받았느냐고 물어보는 소리가 들렸다. 아비는 그렇지 못했다고 대답했다. 내 차례가 왔을 때, 나는 더 자세히 묻고 싶은 충동을 참지 못했다.

"비행기 조종사 면허에 도전하신 줄은 몰랐네요."
"그랬죠. 이따금 찾아오는 공허감을 메울 수 있을까 싶었거든요. 그 외에도 나를 채워줄 수 있으리라 기대했던 것이 많았어요. 하지만 결국 내가 엉뚱한 곳에서 헤매고 있다는 사실을 깨달았죠."
"그럼 당신을 채워주는 건 뭔가요?"
"바로 여기에 있는 작은 것들이요."

그는 가위를 들지 않은 손으로 발아래 땅을 가리켰다.

"저 위도 아니고, 저 바깥도 아니고, 바로 여기 있는
것들이요."
"그 작은 것들이란 뭡니까?"

나는 물었다.

"아, 평범한 일상이죠. 아이들과 시간을 보내고, 음악
을 듣고, 해변에 가는 순간들이요."

그는 미소를 지으며 덧붙였다.

"손님들과 대화하는 순간도 그렇죠."

나는 '평범한 일상'의 가치를 새삼 되새겼고, 큰 질문

앞에서 초조해하는 대신 작은 대답에 감사하는 쪽으로 초점을 옮길 수 있었다. 사실 이러한 생각의 전환은 내가 지금껏 수강생들에게 수없이 강조해왔을 뿐 아니라 바로 다음 날 강의에서 얘기하려던 주제와 맞닿아 있었다. 나는 70세켈(약 2만 3,000원)이라는 합리적인 요금을 내고 들어올 때보다 훨씬 가벼운 마음으로 아비의 가게를 나섰다(심지어 공짜로 머리까지 깎았다).

아비가 내 기분을 좋게 해준 것은 이번이 처음이 아니었고, 그의 다른 손님들 또한 나와 비슷한 경험을 했다. 더불어 나는 이발사, 택시 운전사, 정원사, 동네 편의점 아르바이트생과 나눈 우연하고 일상적인 대화에서 인생을 바꿀 정도로 중요한 통찰을 얻은 사람이 한둘이 아니라는 사실을 알고 있다.

이러한 대화는 우리의 변화를 이끌어내며, 우리가 제대로 주의를 기울인다면 더 큰 변화로 이어질 수 있다. 그 속에 담긴 말은 인간이 지닌 보편적 문제에 대한 상식적인 해결책을, 늘 곁에 있지만 우리가 종종 잊어버리거나 무시하는 행복의 지름길을 알려준다.

프랑스 철학자 볼테르^{Voltaire}는 말했다.

"평범한 상식은 사실 그리 평범하지 않다."

이발을 마치고 집으로 걸어가는 길에, 나는 아비가 지닌 평범한 상식을 널리 알리기로 마음먹었다. 살면서 필요할 때마다 스스로 되새길 수 있도록, 그리고 그를 단골 이발사로 두는 행운을 얻지 못한 사람들이 나와 함께 그의 지혜를 누릴 수 있도록.

Short Cuts To

삶의 어려움에서 배울 수 있는 것들

Happiness

아비는 세계에서 오래되기로 손꼽히는 도시인 이스라엘의 야파Jaffa에서 자랐다. 북쪽과 남쪽으로 해안선이 내려다보이는 지중해의 전략적 요충지라는 조건 덕에, 야파는 번영을 누리는 동시에 수많은 싸움에 휘말렸다. 알렉산더 대왕과 나폴레옹은 수세기를 사이에 두고 이 도시를 핵심적인 전투 전략기지로 삼았다. 이 두 정복자가 상륙하기 수백 년 전에도 다윗 왕과 그의 아들 솔로몬 왕은 최초의 신전을 짓기 위해 야파의 항구로 나무를 들여온 일이 있다.

오늘날 야파는 텔아비브에 속한 지역으로, 유대인과 아랍인이 함께 지내고 현대식 건물 사이로 고대의 벽돌길이 뻗어나가는 부유한 대도시가 되었다. 그러나 아비가 어렸을 때만 해도 이곳은 마약과 높은 범죄율에 시달리는 가난한 지역이었다.

아비는 어린 시절의 삶이 늘 쉽지만은 않았다고 회

상했다. 그는 싸우고 다치고 쓰러졌지만, 그런 경험을 통해 인생을 헤쳐나갈 준비를 했다. 그는 말했다.

"만약 손님이 그 험한 상황을 겪고도 무사히 빠져나왔다면, 도전을 덜 두려워하게 될 거예요."

나는 우리 앞에 놓인 거울을 통해 그의 모습을 바라보았다. 구릿빛으로 그을린 반항적인 얼굴은 그의 입에서 나오는 말과 완벽한 조화를 이뤘다.

우리는 지금 우리 곁에서 평화롭게 자라나는 아이들이 그다지 멀지 않은 과거만 해도 경험할 수 있었던 생생한 현실 교육을 접하지 못하는 상황에 대해 얘기했다.

"오해하진 마세요. 저는 아이들이 어린 시절의 저보다 더 안전한 환경에서 자랄 수 있어 기뻐요. 하지만 문제는 사람들이 아이를 과보호하는 경향을 보인다는 거예요. 고난과 투쟁에도 분명히 가치가 있거든요."

세계적인 경영학자이자 하버드경영대학원 교수인 클레이튼 크리스텐슨Clayton Christensen은 아이들이 어릴 때 마주하는 도전이 일생에서 중요한 역할을 한다고 주장했다.

"아이들은 도전을 통해 평생의 성공을 이루는 데 필요한 능력을 기르고 발전시킵니다. 잘 맞지 않는 선생님에게 적응하거나, 운동 시합에서 실패를 맛보거나, 또래 무리의 복잡한 사회적 구조를 탐색하는 과정은 그 자체로 경험의 학교에서 배울 수 있는 수업들과도 같죠."

다행히, 삶은 우리 모두에게 약간의 고난을 선사한다. 가장 안전한 곳에서 철저히 보호받는 가정 환경을 누린다 해도 배움과 발전의 기회는 여전히 있다. 부모로서 우리는 아이들(혹은 우리 자신)에게서 이런 기회를 빼앗아선 안 된다.

Short Cuts To

상처 주는 사람과
상처 받는 사람에게 일어나는 일

Happiness

다음 날 이발소를 지나던 나는 창문 너머로 지인 몇 명이 소파에 앉아 있는 모습을 보았다. 두세 명은 커트 순서를 기다리는 중이었고, 나머지는 그냥 노닥거리며 시간을 보내고 있는 것 같았다. 나는 그 소규모 이웃 모임에 동참하기로 마음먹었다.

아비의 가게 면적이 30제곱미터도 채 안 된다는 사실을 감안하면 여덟 명만으로도 시끌벅적해지기 충분했지만, 우리는 모두 차분하고 평화로운 기분이었다. 아비는 머리를 자르면서 커피를 대접하고, 중간중간 미소를 짓거나 끄덕임으로 동의를 표시하면서 사방에서 동시에 진행되는 대화를 조용히 지휘했다.

거기 모인 사람들의 아이들이 모두 같은 초등학교에 다녔기 때문에, 우리의 화두는 최근에 교실에서 벌어진 몇몇 사건으로 옮겨갔다. 이번에 입을 연 것은 열한 살짜리 딸을 키우는 한 아버지였다. 그는 딸아이가 친구들의 '단톡방'에서 쫓겨나는 바람에 큰 상처를 받았다고 걱정 어린 목소리로 털어놓았다. 한쪽에 있던 다른 엄마는 그 단톡방에서 오가는 대화의 내용을 생각하면 차라리 쫓겨나는 편이 낫다고 대답했다(적어도 그녀가 본 내용은 별로 좋지 못했다).

우리는 예전과 달라도 너무 달라진 아이들의 대화 방식과 소셜 미디어의 영향으로 아이 어른 할 것 없이 서로 무례하게 대하는 요즘 세태에 대해 이런저런 대화를 나눴다.

아비는 그때까지 아무 말이 없었다. 그는 여성 손님의 머리카락에 염색약을 바른 뒤 호일로 섬세하게 감싸는 데 몰두했고, 우리 얘기를 듣고 있는지도 정확히 알 수 없었다. 그러나 잠시 후, 그는 침묵을 깨고 입을 열었다.

"저는 우리 아이들에게 이렇게 가르쳐요. 직접 만나서든, 인터넷을 통해서든, 남에게 상처를 주는 행동은 결국 자기 자신을 더럽힌다고요."

다음번 호일 작업을 위해 잠시 이야기를 멈춘 그는 다시 말을 이어갔다.

"저는 아이들에게 가끔씩 아빠도 남을 상처 입히며 후회한다고 솔직히 말해요. 하지만 언제나 더 나은 사람이 되기 위해 노력한다고 덧붙이죠."

토론은 계속되었고, 부모들은 저마다 해결책을 내놓았다. 그러나 그중에서도 내 마음에 가장 와닿은 것은 아비의 이야기였다. 그는 아주 많은 조언을 했다.

일단 그는 남을 괴롭히는 행동이 자기 자신의 오염이라는 개인적인 대가로 이어진다고 말했다. 사실 이

것은 수많은 철학 책과 심리학 책에 나오는 주장으로, 인간의 선천적 도덕성에 대한 통찰을 압축적으로 담아낸 이야기였다.

사이코패스를 포함한 일부 예외를 제외하면, 타인에게 상처를 주는 행위에는 보통 심각한 감정의 대가가 따른다. 아비는 스스로 아이들이 본받을 만한 롤 모델 역할을 한다고도 말했다. 쉽게 도달할 수 없는 이상적인 모델이 아니라, 때론 실수도 하지만 언제나 발전 가능성을 염두에 두고 살아가는 인간의 모습을 보여주는 것이다.

더 나은 사람이 되기 위해, 아이들은 이런 형태의 롤 모델을 필요로 한다. 사실은 어른들도 그렇다.

Short Cuts To

휴가
중입니다

Happiness

아비는 며칠 간격으로 이발소에 새 꽃을 들여놓아서, 아름다움과 향기로 가게를 가득 채우곤 했다.

"정말 예쁘네요."

갓 배달된 꽃다발을 보며 내가 말했다.

"향기도 너무 좋고요."

꽃이 뿜어낸 향취는 여름의 시작과 함께 찾아온 뜨거운 열기를 조금이나마 식혀주었다.

"이번엔 백합을 주문해봤어요. 사실 이번 여름에 태국으로 휴가를 가려 했는데, 가족 수도 너무 많고 일도 바빠서 떠날 수 없게 되었어요. 태국에 못 가는 대신, 그 나라의 한 조각을 우리 가게에 들여온 거예요.

세상에서 제일 멋진 휴양지를 누리기 위해 꼭 그곳에

가야만 하는 건 아니거든요."

그 얘기를 들으니, 문득 내가 아비의 이발소에서 왜

그렇게 많은 시간을 보냈는지 알 것 같았다. 이곳에 오

면 언제나 휴가를 온 듯한 기분이 들었다.

때로는 이발소에서 간단히 머리 손질을 하는 것이

매일의 일상에서 벗어나 이국적인 장소에 가야만 느

낄 수 있는 감각적 경험으로 연결될 수도 있다. 손님

들은 향긋한 꽃 내음 사이로 퍼지는 신선한 커피의 향

기와 맛을 느긋하게 음미한다. 샴푸와 함께 제공되는

부드러운 두피 마사지는 후각적 경험에 촉각적 경험

을 더한다. 멈추지 않고 사각대는 가위 소리는 스피커

를 통해 흘러나오는 라틴 음악과 완벽한 청각적 조화

를 이룬다.

이곳에서 시간을 보내는 일이 휴가처럼 느껴지는 이유는 또 있다. 영어로 '휴가Vacation'라는 단어는 빈 공간을 뜻하는 '진공Vacuum'과 같은 어원에서 나온 말이다. 또 히브리어로 휴가를 뜻하는 '호페시Hofesh'는 탐색이라는 뜻의 '히푸스Hipus'와 뿌리가 같다. 영어와 히브리어의 어원을 종합하면, 우리는 휴가가 '탐색에 필요한 공간을 찾는 행위'라는 결론을 내릴 수 있다. 가게 면적은 작지만, 최소한의 가구와 꽃으로 둘러싸인 아비의 이발소는 전혀 답답한 느낌을 주지 않았다. 이곳은 내가 탐색을 시작할 수 있는 장소였다.

나는 집으로 돌아오는 길에 제이콥의 잡화점에 들러 꽃을 몇 송이 샀다. 그리고 세 아이를 재운 뒤 일전에 아비가 추천해준 아구스틴 바리오스Agustín Barrios의 기타 연주를 오디오로 들으며 방을 정리하고, 나를 위해 중국 차를 한 잔 끓였다. 그 짧고 소중한 시간 동안, 나는 세상의 한 조각을 누릴 수 있었다. 나는 휴가 중이었다.

행복은 손끝으로 전해진다

얼마 후 나는 막내아들 엘리아브^{Eliav}의 곱슬머리를 손질하기 위해 아비의 이발소를 다시 찾았다. 그는 홀로 소파에 앉아 책을 읽고 있었다.

"무슨 책인가요?"

내가 물었다.

"손님 중 한 분이 선물해준 훌륭한 책이에요. 그리스인 이발사가 쓴 책인데, 오랜 세월 손님들을 대하며 일한 경험이 담겨 있죠. 저자의 이야기에 상당히 공감이 되더군요."
"어떤 부분이 공감되던가요?"

나는 호기심을 느꼈다. 아비는 손님의 머리카락을

자를 때면 그 손님이 심리적으로 얼마나 경직된 사람인지 느낄 수 있다고 말했다.

"어떤 손님은 제가 머리에 손을 대면 저와 함께, 때로는 저보다 먼저 필요한 방향으로 움직여주죠. 하지만 어떤 손님은 몸이 완전히 굳어 있어서 제가 일일이 움직여야 해요."

이야기를 잠시 멈췄다가, 그는 부드러운 미소를 지으며 이렇게 덧붙였다.

"제가 머리칼을 손질하면서 머리를 부드럽게 움직여주면 그런 분도 차츰 긴장을 풀고 제 손길을 받아들이거든요. 하지만 진짜 흥미로운 이야기는 따로 있답니다."

"그게 뭔가요?"

나는 혹시 내가 그 경직된 손님 중 한 명은 아닐까 열심히 생각하며 물었다.

"뻣뻣했던 고개가 풀리고 제 손길을 따라 머리가 움직이는 순간, 손님의 다른 부분도 유연해지거든요. 경직되어 있던 마음이 풀리면서 말도 더 많이 하고요. 마치 몸이 긴장을 풀면서 마음에게 따라오라고 말하는 것 같아요."

나는 마사지와 포옹, 따스한 어루만짐을 포함하여 손길을 통한 접촉이 우리에게 미치는 육체적, 심리적 영향을 분석한 마이애미대학교 티파니 필드^{Tiffany Field} 교수의 연구를 떠올렸다.

부드러운 손길은 우리 몸의 고통을 줄이고 평온함을 유도하는 화학물질을 방출한다. 다른 사람과 손길을 주고받을 때, 우리 몸에는 흔히 '사랑 호르몬'이라고 불리며 따스하고 편안한 기분을 이끌어내는 물질인 옥시토신이 분비된다. 문득 커다란 손바닥으로 손주들의 팔과 등을 쓰다듬으며 '지금 사랑의 기운을 불어넣는 중'이라고 말하곤 했던 우리 할아버지가 생각났다.

배경음악으로 깔린 샘 펠트Sam Feldt의 〈내게 사랑을 보여줘Show Me Love〉를 들으며, 나는 더 많은 손길이 세상을 얼마나 더 살기 좋은 곳으로 만들 수 있을지 상상했다. 그러나 사람 사이에 손길을 주고받는 일이 날로 줄어들면서, 우리는 말 그대로 '손끝으로 행복을 전할 수 있는' 기회를 점점 잃어가고 있다.

상대방을 만지는 행위의 장점은(물론 서로 동의했을 때 얘기지만) 그것이 언제나 양방향 커뮤니케이션이라는 점이다. 만진다는 것은 내 손끝에 있는 상대와 닿는다는 것이다. 우리는 주는 만큼 돌려받는다.

이러한 마법의 손길을 공유하기 위해 우리가 꼭 한 달에 한 번씩 이발소(혹은 미용실)에 방문 예약을 하고 기다릴 필요는 없다.

Short Cuts To

자
세
를
똑
바
로
하
세
요

Happiness

✂ .... 나는 종종 아비에게서 초등학교 3학년 때 담임선생님께나 듣던 말을 듣는다.

"자세를 똑바로 하세요."

그러나 아비의 입에서 나오는 문장은 선생님 같은 명령조가 아니라 부드러운 권유에 가깝다. 나는 그 권유를 받아들이고, 요가를 할 때처럼 허리를 곧게 펴고 목을 쭉 뻗는다. 이렇게 자세를 바꾸면 즉시 기분이 좋아진다.

몇 주 전 나는 아비가 우리 큰아들 데이비드David의 머리카락을 잘라주면서, 아이의 머리를 부드럽게 위로 잡아당기고 턱을 살짝 들어주는 모습을 보았다. 그렇게 자세를 고쳐앉은 열 살짜리 꼬마의 옆모습은 마치 전사나 왕 같은, '다윗'에서 따온 고전적 이름에 꼭 어울리는 늠름한 자태가 되었다.

허리를 쭉 펴면서, 나는 자세가 정신적 태도에 미치는 영향을 분석한 심리학자 파블로 브리뇰^{Pablo Briñol} 박사의 연구를 새삼 되짚어보았다. 가령 허리를 곧추 세우고 가슴을 쭉 내밀어 앉는 자세는 자신감에 긍정적인 영향을 미친다. 브리뇰 외에도 구부정한 자세가 슬픔과 불안과 피로를 유발하고, 곧은 자세가 긍정적이고 편안하며 영민한 정신 상태로 연결된다는 사실을 밝혀낸 연구자들은 여럿 있다.

심리학은 생리학과 연결된다. 인간의 내면은 외면과 깊은 관계를 맺고 있다. 굳게 맞잡은 악수는 상대에게 자신감을 전달하고, 실제로 자신감을 만들어내기도 한다. 반면 힘없이 흔드는 악수는 불안감을 자아낸다. 이러한 상관관계는 표정에도 똑같이 적용된다. 미소는 짓는 이에게도 보는 이에게도 즐거운 기분을 전해주지만, 찡그린 얼굴은 슬픔을 유발한다.

불교 승려인 틱낫한 Thich Nhat Hanh 은 이렇게 말했다.

"때로는 기쁨이 미소의 근원이지만, 어떤 때는 미소
가 기쁨의 원천이 되기도 합니다."

아비는 언제나 미소 띤 얼굴로 손님을 맞이하고, 이
런 태도는 대부분 상대방의 미소로 되돌아온다. 그의
굳은 악수는 언제나 상대에게 자신감과 안정감을 전
달한다.

사무실에 앉아 글을 쓰는 지금, 나는 아비의 말을 떠
올리며 등을 곧게 펴고, 목을 쭉 뻗고, 턱을 살짝 밀어
올리고 있다.

Short Cuts To

너
그
러
움
에

대
하
여

Happiness

✂️ ·· 아비는 본래 축구에 전혀 관심이 없었지만, 우리 아이들과 같은 학교에 다니며 뛰어난 축구선수로 활약 중인 열두 살짜리 아들의 영향으로, 그해 열린 브라질 월드컵을 보기 시작했다. 물론 그의 관심은 미미한 수준이었다. 그러나 그 정도면 딸아이 셔를^{Shirelle}을 데리고 이발소에 방문한 내가 전날 있었던 가나와 독일의 2 대 2 무승부 경기에 대해 흥분한 목소리로 떠들어 댈 핑계로 충분했다.

"어제 시합 봤어요? 제가 태어나서 본 경기 중에 최고였어요!"
"맞아요, 맞아요. 정말 대단했어요."

그가 대답했다. 그러나 축구 얘기를 이어가고 싶은 나와 달리, 아비는 자연스레 더 친숙하고 편안한 대화로 주제를 돌렸다.

"뭐 마실 거라도 갓다 드릴까요? 여기, 받으세요. 셔를, 오늘 아침에 카페에서 사온 맛좋은 그래놀라 쿠키 하나 맛보겠니?"

그가 베푼 호의는 여기서 끝이 아니었다. 그는 카운터 위 접시에 가득 담긴 신선한 과일을 가리켰다.

"포도 좀 먹어보렴. 깜짝 놀랄 만큼 달단다."

우리 부녀가 소파에 앉아 간식을 우물거리고 있을 때, 아비의 전화벨이 울렸다. 누가 걸었는진 모르지만, 끊을 때쯤에는 상대방이 매우 힘든 상황에 처해 있다는 사실을 직감적으로 알 수 있었다.

"길 건너 카페에서 잠시만 기다려. 지금 손님 두 분이 와 계신데, 마무리하는 대로 곧장 갈게."

일하느라 한창 바쁜 시간대였지만, 아비에게는 도움이 필요한 친구의 존재가 훨씬 중요했다.

아비의 너그러운 성품이 그 자신의 행복에 크게 기여한다는 사실에는 의심의 여지가 없다. 다른 사람을 도울 때 우리 뇌의 행복 중추가 활성화된다는 사실을 보여주는 신경과학 연구는 한둘이 아니다. 그러나 너그러움이 주는 혜택은 단지 행복감을 느끼는 것 이상이다.

몇 주 전, 아비와 나는 사업의 성공 조건에 대해 이야기를 나눈 적이 있다. 그는 관대함이야말로 물질적, 감정적 풍요의 열쇠라고 말했다. 프랑스 사회학자 에밀 뒤르켐Émile Durkheim은 사회적 사실을 객관적인 법칙으로 측정할 수 있다고 했지만, 아비는 우리의 삶을 일상적인 것과 영적인 것, 세속적인 것과 성스러운 것으로 자로 잰 듯 구분할 수 없다고 믿었다. 그는 라마트 하샤론 유대교회당에서 대축제일 예배를 볼 때와 똑같이 경건한 마음으로 개인적인 문제를 털어놓는 친구의 이야기를 경청했다.

아비와 나는 히브리어로 '주다'라는 뜻을 가진 단어인 '나탄Natan'의 어원에 대해 이야기했다. 이 단어는 앞에서 뒤로 읽으나 뒤에서 앞으로 읽으나 똑같이 읽힌다. 무언가를 주는 행위의 상호성을 생각하면, 이런 원리는 아마 우연이 아닐 것이다. 상대에게 호의를 베풀면 그 호의는 대개 이자까지 붙어서 곧바로 돌아온다. 그는 이런 결론을 내렸다.

"탐욕에는 비싼 대가가 따라요. 탐욕스러운 사람은 대부분 궁핍해집니다. 물질적인 부도 줄어들고, 친구도 줄어들고 말지요."

그가 너그러움에 대한 굳은 신념을 털어놓던 그 순간, 나는 그에게서 신도들을 향해 설교하는 랍비, 혹은 팀 선수들에게 동기를 불어넣는 코치의 모습을 보았다.

　그 말을 들으면서, 나는 아비의 친구들과 함께 그의 공동체에 속할 수 있어서 감사하다는 생각을 했다.

Short Cuts To

생각을 나 버려도 괜찮아요

Happiness

✂️ .... 이스라엘에서 미용실과 이발소가 가장 바쁜 시기는 아마도 유대인 새해 명절인 나팔절Rosh Hashanah 직전일 것이다. 정통파든 아니든, 유대인은 명절을 앞두고 머리를 단정하게 손질하는 풍습을 지킨다. 그러나 그해 나팔절 직전까지 시간을 내지 못했던 나는 명절이 하루 지나서야 겨우 이발소를 찾았다.

반갑게도 아비는 자신의 왕국을 홀로 지키고 있었다. 불과 며칠 전까지 정신없이 붐볐던 성수기를 피한 덕분에, 나는 아비와 단둘이 보내는 흔치 않은 행운을 누리게 되었다(아이러니하게도 그 이유는 나 자신이 정신없는 성수기를 보낸 덕분이었지만).

마음에 쏙 드는 음악을 우연히 만나는 것도 인간이 누리는 특별한 행운이다. 그날 아침 텅 빈 이발소로 걸어 들어가던 나는 머리 위 스피커에서 흘러나오는 날스 바클리Gnarls Barkley의 〈크레이지Crazy〉를 들었다. 내

몸은 즉시 음악에 반응했다.

노래가 끝나고 겨우 정신을 차린 나는 아비에게 이 멋진 노래를 어디서 찾았느냐고 물었다.

"오, 이건 몇 년 전에 나온 노래예요. 하지만 이 느린 버전은 저도 오늘 아침에 처음 들었죠. 정말 끝내주지 않나요? 듣자마자 재생목록에 추가했어요."

대기 손님이 없는 것을 확인한 아비는 커트를 시작하기 전에 같은 노래를 한 번 더 듣자고 제안했다. 다음 5분 동안, 우리는 느리고 애절하게 편곡된 〈크레이지〉를 들으며 음악에 완전히 녹아들었을 때 찾아오는 황홀경 속으로 빠져들었다.

생각을 놓으면, 다시 말해 뇌로 생각하는 일을 일시적으로나마 멈추면 마음속에 영혼과 감정을 한층 풍부하게 느낄 수 있는 여유 공간이 생겨난다. 이때 우리는 생각의 방해를 받지 않고 세상을 직접 경험할 수 있다. 불교의 선종 수행자는 이러한 상태를 '무념無念'이라고 부른다. 무념이란 이따금 찾아오는 마음 상태로, 그 속에서 우리는 과거와 미래를 의식하지 않고 현재의 순간에 오롯이 반응하며 세계의 일부가 된다.

자신의 존재와 감정의 깊은 곳까지 파고들기란 쉽지 않다. 이런 상태에 도달하려면 여유를 가지고, 속도를 늦추고, 현재를 받아들여야 한다. 호흡을 찬찬히 느끼거나 사랑하는 이의 눈을 들여다볼 때, 느긋이 산책을 하거나 좋아하는 음악을 반복해서 들을 때도 이런 순간이 찾아올 수 있다.

두 번째 노래를 다 들은 뒤, 아비는 느긋하게 작업을 시작했다. 내 머리가 새해를 맞아 깔끔해진 다른 이들의 헤어스타일을 따라잡을 수 있도록.

진짜 관계에서 소통할 때

✂ .... "새 사업을 시작할까 해요."

하루는 아비가 이렇게 선언했다.

"새로운 염색약을 알게 됐는데, 수입해서 판매해보려고요."

그는 스마트폰을 꺼내 유튜브에 접속하더니, 자주 사용해도 두피와 머리카락을 손상시키지 않는 순한 염색약 소개 영상을 보여줬다.

"이 제품에는 이스라엘에서 일반적으로 쓰는 염색약 대부분에 들어가는 화학물질이 하나도 들어 있지 않아요."

"꽤 가능성이 있는 아이템 같은데요!"

그 순간, 내 머릿속에 번뜩 아이디어가 떠올랐다.

"아비, 인터넷 마케팅이라면 내가 방금 만나고 온 마케팅 회사 CEO에게 도움을 받을 수 있을지도 몰라요. 주요 검색엔진이 제공하는 고차원 분석 툴을 사용해서 소규모 사업에 적합한 세부 시장을 찾아주는 회사거든요."

아비는 생각에 잠기더니, 잠시 후 나를 바라보며 말했다.

"제안은 감사하지만, 저는 조금 다른 접근법을 계획하고 있었어요."
"어떤 건가요?"
"저도 소셜 미디어와 온라인 광고의 힘은 잘 알고 있어요. 하지만 저는 사업을 할 때 좀 전통적인 방식을 선호하거든요."

"전통적인 방식이라는 건 뭐죠?"

"미용실과 이발소를 직접 방문하는 거예요. 제가 팔려는 물건의 고객을 만나 그들의 수요를 가장 정확히 확인할 수 있는 장소니까요."

내가 경영대학원을 졸업하고 영업과 마케팅에 대한 강의를 들은 지도 어느덧 10년이 넘었다. 그러나 그 순간, 나는 아비에게 다시 한 수 배운다는 느낌이 들었다.

"저는 사업을 생각할 때 효율만 추구하지 않아요. 물론 이윤도 중요하지만, 제게는 그게 전부가 아니거든요. 저와 제 고객에게 좋은 경험을 선사하는 것. 이게 바로 좋은 거래의 핵심이랍니다."

그는 사업을 할 때도, 인생에서도 대량의 데이터 분

석을 통해 얻은 비인격적인 수치들에는 관심이 없다고 말했다. 가상의 인간관계와 무의미한 '좋아요'로 이뤄진 소셜 네트워크 세상 또한 마찬가지였다.

"저는 진짜 관계에서 오는 깊이 있는 지식을 추구해요. 늘 그런 생각으로 이발소를 운영해왔죠. 손님들이 우리 가게를 집처럼 생각하는 이유도 그것 때문일 거예요."

그는 소파에 편안하게 앉아 커피를 마시며 포도와 복숭아를 즐기고 있던 커플을 향해 어깨를 으쓱했다.

오늘날의 비즈니스 세계는 흔히 '잡아먹다', '물어뜯다', '피도 눈물도 없다'와 같은 살벌한 비유로 묘사된다. 그러나 거울에 비친 아비의 표정을 보며, 나는 교단에 서서 인간적인 사업의 중요성에 대해 열변을 토하는 그의 모습을 생생하게 그릴 수 있었다.

사람의 존재를 수치로만 재는 비인간적 통계 대신 인간 대 인간의 관계를 선택할 수는 없을까? 적어도 그런 방향으로 나아가기 위한 논의 정도는 해야 하는 게 아닐까? 비즈니스로 사람들을 모을 수도 있는데, 어째서 우리는 시장을 분리하는 데만 집착할까?

이런 접근은 현실적으로 가능하며, 때로는 큰 이익으로 연결되기도 한다. 상대가 고객이든 직원이든, 진짜 인간관계는 감정뿐만 아니라 물질적으로도 중요한 이익을 가져다준다. 이를테면, 리서치 회사 갤럽Gallup은 기업의 성공을 예측하는 주요 변수 중 하나가 직원들 사이에 형성되는 깊은 동료애라는 사실을 밝혀냈다.

오늘날 사람 사이의 진정한 소통은 점점 드물어지고

있으며, 그에 따라 사람들이 좋은 관계를 유지하는 데 드는 비용도(심리적으로든 물질적으로든) 올라가고 있다.

내 눈에는 아비의 이발소 앞에 세워진 새 간판의 문구가 보였다.

영혼을 위한 경영대학원

Short Cuts To

결정하는 데 가장 좋은 타이밍

Happiness

아비에게 염색약 수입 사업 이야기를 들은 지 한 달쯤 되었을 때, 나는 불쑥 가게에 들러 사업이 잘 진행되고 있느냐고 물었다.

"아주 잘되고 있어요. 보건 당국에서 최종 허가만 나오면 되는데 곧 연락이 올 것 같아요. 일주일 내내 영업사원 면접을 보느라 아주 정신이 없답니다."

"와, 진행이 엄청 빠르네요!"

"맞아요. 어떤 일들은 굉장히 빨리 처리되고 있죠. 하지만 아주 느리게 진행되는 일도 있어요."

"왜요? 무슨 문제라도 있나요?"

아비는 몇 가지 중요한 사안을 두고 시간을 들여 생각을 하는 중이라고 말했다. 그는 직원을 몇 명 뽑을지, 어느 미용실에 먼저 판매를 시작할지, 최초 주문 수량을 어느 정도로 잡을지 등의 의사결정을 내려야 했다.

종종 그랬듯이, 그는 구체적인 상황에 대한 이야기에서 일반적인 교훈을 자연스레 끌어냈다.

"빨리 움직이는 것도 중요하지만, 울타리에 기대어 기다리는 것도 중요하지요. 기다린다는 건 쉬운 일이 아니고, 때로 적지 않은 비용이 들죠. 하지만 반드시 필요한 일이에요."

아비의 말을 듣던 나는 문득 하버드경영대학원에서 들었던 조지프 바다라코Joseph Badaracco 교수의 수업을 떠올렸다. 바다라코 교수는 여러 개의 옳은 선택지 사이에서 결정을 내리는 것이 얼마나 힘든지 강조했다.

로버트 프로스트Robert Frost의 유명한 시처럼, 우리는 길을 걷다가 각각의 장점이 있는 갈림길을 만나곤 한다. 결정을 내리기 직전에 우리는 모든 선택지를 동시에 취할 수 없다는 사실을 깨닫는다. 하나의 길을 선택한다는 것은 다른 길이 가져다줄 수 있는 잠재적 이점을 포기한다는 것이다.

다수의 훌륭한 지도자를 관찰한 결과, 바다라코 교수는 그들이 종종 나아가기를 멈추고 기다리기를 택한다는 사실을 확인했다. 그들은 불확실성이 주는 불편함을 기꺼이 감수하며 가상의 울타리에 기대어 한 템포 쉬어갔다. 수시로 어려운 결단을 내려야 했던 재임 전후의 에이브러햄 링컨 대통령도, 어려운 시기에 회사를 이끌어갔던 존슨앤드존슨Johnson & Johnson의 제임스 버크James Burke 전 회장도 정확히 이런 태도를 보였다. 시간을 쏟는다고 해서 어느 길이 옳은지 분명히 알 수 있다는 보장은 없지만, 때로는 시간이 지남에 따라 자연스레 시야가 밝아지기도 한다.

아비는 우리 대화를 다음과 같은 결론으로 마무리했다.

"분명한 것은, 제가 어떤 문제에 대해 어떤 결정을 내려야 최선인지 모른다는 사실이에요. 그러니 지금은 기다릴 때예요. 그러다 보면 정답을 알게 될 수도 있고, 정답을 몰라도 적어도 주어진 시간 동안 끝까지 고민하다가 결정을 내릴 수 있겠죠."

소크라테스는 자신이 '진리를 모른다'라는 사실을 인지했고, 그런 자신이야말로 아테네에서 가장 지혜로운 사람이라고 주장했다. 아비는 스스로 라마트하샤론에서 가장 지혜로운 사람이라고 말한 적이 없다. 그저 정답을 모른다는 사실을 인정했을 뿐이다.

Short Cuts To

등대가 든든하게 느껴지는 진짜 이유

Happiness

아비의 얼굴을 마지막으로 본 지 몇 주가 지났다. 그사이 나는 두 학기짜리 정규 수업을 진행하는 와중에 틈틈이 중국, 남아프리카공화국, 스페인으로 출장을 다녀오느라 정신없이 바쁜 나날을 보냈다.

어느 금요일 아침 9시, 자를 때가 한참 지난 머리를 손질하기 위해 겨우 시간을 낸 나는 '이번엔 아비에게서 어떤 배움을 얻을 수 있을까' 기대하며 들뜬 마음으로 집을 나섰다.

그 무렵 나는 아비와 대화를 나누면서 내가 지적으로 부쩍 성장했음을 정확히 인지하고 있었다. 클라이언트와 회의를 할 때, 혹은 학생의 질문에 대답할 때, 나는 '아비라면 이럴 때 어떻게 말할까?'라고 생각하곤 했다.

창문 너머로 내 얼굴을 발견한 아비는 웃으며 나를 맞았다. 나 또한 미소로 화답하며 들어갔다. 그러나 이발소 안은 이미 손님으로 가득 찬 상태였다.

"오늘은 바빠 보이네요?"

"맞아요. 하지만 10시 반 정도면 대충 정리될 것 같아요."

"알았어요. 그럼 그때 다시 올게요."

나는 조금 허탈한 기분을 느끼며 말했다.

10시 반이 되어 가게로 다시 찾아가니, 아비가 아침과 같은 미소로 나를 반겼다. 그의 조수인 카린^{Karin}이 머리를 감겨주었고, 나는 커트를 하기 위해 의자에 앉았다.

"새 염색약으로 머리를 염색해보는 건 어때요?"

아비가 제안했다.

"음, 괜찮아요. 전 흰머리가 싫지 않거든요."

 우리는 그의 염색약 수입 사업이 어떻게 되어가고 있는지 얘기했다. 아비는 이미 전국 24개 미용실과 이발소에서 판매가 되고 있다는 사실을 전했다. 나는 깊은 인상을 받았다. 그는 분명히 중요한 결정을 내렸고, 기다림의 보상을 제대로 받은 것 같았다. 그가 덧붙였다.

"하지만 사업이 잘된다고 해도, 이발소를 그만두진 않을 거예요. 여긴 제 등대거든요."
"등대라고요?"
"네. 바다에 떠다니는 배들에게 방향을 알려주는 그 등대요. 바깥세상이 아무리 불안정하고 혼란스러워

도, 이곳은 언제나 여기에서 빛을 비추며 내가 돌아
올 길을 알려주죠. 인간은 누구나 인생의 등대가 필
요해요."

아비는 잠시 말을 멈춘 채 작업에 몰두했고, 나는 그
의 말을 곰곰이 되짚어보았다.

"그건 이 가게가 당신의 재정적 '닻'이라는 뜻인가
요?"

여러 가지 비유가 뒤섞인 표현이었지만, 적어도 나
는 아비가 제시한 '바다' 테마를 이어갈 수 있었다.

"그런 뜻도 있지만, 그게 다는 아니에요. 저는 여기서
편안함을 느껴요. 손님들과 대화를 나누는 것도 즐겁
고, 분위기도 평온하고, 모든 것이 예측 가능하죠. 밖

에서 아무리 모험적인 시도를 하더라도, 여기에 등대가 있다는 사실을 떠올리면 걱정이 훨씬 줄어들어요. 제게는 안전하게 돌아갈 곳이 있으니까요."

20세기 정신분석학자 도널드 위니콧^{Donald Winnicott}은 엄마를 중심으로 일정한 거리 안에서 노는 아이들이, 엄마와 멀리 떨어져서 노는 아이들보다 더 높은 수준의 창의력을 보인다는 연구 결과를 발표했다. 엄마와 가까운 거리에 있는 아이들은 위험을 감수하며 새로운 놀이를 시도하고, 넘어져도 다시 일어나며, 실패해도 다시 도전해서 성공할 수 있다. 자신을 무조건 사랑하는 사람이 근처에 있다는 사실은 안전하고 안정적인 느낌으로 연결된다.

아비의 말을 들으면서, 나는 어른에게도 등대의 존재가 안정감의 기반이자 창의력의 원동력이 될 수 있다는 사실을 깨달았다. 등대는 사람에 따라 다른 모습이 될 수 있다. 어떤 이에게는 가족이나 친한 친구가 등대가 되고, 또 어떤 이에게는 명상이나 정원 가꾸기 같은 자신만의 의식이 등대 역할을 한다. 그리고 어떤 사람은 이발소의 깨끗한 창문을 통해 흘러나오는 빛에서 마음의 안정을 찾는다.

Short Cuts To

이발소를 가득 채우는 두 가지

Happiness

어느 날 동네 식료품점에서 우연히 아비와 마주친 내 아내는 우리가 나눈 대화를 잘 듣고 있다며 인사를 건넸다. 아비는 이렇게 대답했다.

"하지만 진짜 대화를 나누기엔 시간이 부족했어요."

아내에게 이 이야기를 전해들었을 때, 나는 아비의 말이 이발소에서 좀 더 많은 시간을 보내도 된다는 일종의 초대라고 생각했다. 다음 날, 나는 충분히 짧은 머리로 그의 가게를 찾았다.

문을 열고 들어간 그 시점은 아마도 아비가 농담을 건넨 직후였던 것 같다. 머리를 자르던 남자 손님과 소파에 앉아 있던 여자 손님이 정신없이 웃음을 터뜨리고 있었다. 아비의 이발소에는 언제나 대화와 웃음이 끊이지 않는다. 〈에레츠 네헤데레트^{Eretz Nehederet}〉(〈새터데이

나이트 라이브^{Saturday Night Live}〉와 비슷한 이스라엘 코미디 프로)부터 아비의 개인적인 일화, 손님이 털어놓은 경험담까지, 주제는 다양하다. 나는 30분 정도 그들의 농담을 듣다가 자리에서 일어나 작별 인사를 건네며 내가 이 시간을 얼마나 즐겼는지 이야기했다.

"맞아요. 저는 일터에 오는 게 정말 즐겁답니다."

아비가 말했다.

"가장 좋은 점이 뭔가요?"
"간단해요. 가게에 나오면 친구들을 만날 수 있고, 그들과 대화를 나누다 보면 새로운 지식을 배울 수 있거든요."

아리스토텔레스는 우정과 사색이 행복한 삶의 두 기

둥이라고 말했다. 인간은 사회적 동물인 동시에 생각하는 동물이다. 우리에게는 친구와 배움이 필요하다. 아리스토텔레스는 이 진리를 확고히 믿었고, '리시움 lyceum'이라는 철학 학교를 세워 사람들이 친교도 쌓고 배움도 얻을 수 있도록 했다.

아리스토텔레스의 리시움에도 아비의 이발소처럼 웃음이 넘쳐났을까, 문득 궁금해졌다.

두
달
에
한
번
씩
꼭
해
야
하
는
일

✂ ⋯⋯⋯⋯⋯⋯⋯⋯⋯⋯⋯⋯⋯ 막내 엘리아브의 머리가 또 덥수룩해졌기에, 나는 아이를 데리고 이발소를 찾았다. 우리 앞에 기다리는 세 명의 대기 손님을 보자 기분이 좋아졌다. 우리 부자가 아비와 함께 더 많은 시간을 보낼 수 있다는 뜻이니까.

오늘의 대화 주제는 칭찬이었다. 아비는 몇 년 동안 자신에게 머리를 깎으면서도 절대 칭찬의 말을 하지 않는 손님들이 있다고 말했다.

"계속 우리 가게를 찾는 걸 보면 제 커트를 마음에 들어하시는 것 같은데 말이에요."

그는 잠시 말을 멈췄다가 웃으며 덧붙였다.

"하지만 손님 중에는 찬사를 아끼지 않는 분도 많아요. 그런 분들에게 받은 칭찬이 과묵한 손님들의 침묵을 보상해주죠."

머리 전체에 짙은 갈색 염색약을 바르고 뒤편 의자에 앉아 있던 여자 손님은 자신이 30년 넘게 원만한 결혼 생활을 유지해왔다고 말하며, 그것은 끊임없이 아내의 미모를 칭찬하는 남편 덕분이라고 말했다.

"그이는 칭찬에 보상이 따른다는 걸 알거든요."

장난스럽게 깔깔 웃는 그녀의 얼굴은 잠시 동안 생기 넘치는 십 대 소녀처럼 보였다.

만 다섯 살 된 엘리아브는 당연히 그녀의 말을 이해하지 못했지만, 그래도 해맑게 미소 지었다. 커트를 기다리는 20여 분 동안, 아이의 시선은 이 손님에서 저 손님으로 옮겨가며 이야기를 들려주는 사람의 얼굴에 고정되었다. 그는 완벽한 방관자였지만 편안한 태도로 장소에 녹아들었다.

사람들이 직접 내뱉는 말 외에도, 대화에는 너무나 많은 경험과 정보, 이야기가 담겨 있다. 그런 의미에서, 어쩌면 아이들은 어른보다 훨씬 많은 것을 이해하고 있을지 모른다.

아비가 말했다.

"이발사라는 직업의 큰 장점은, 손님들을 더욱 멋지게 만들어줄 뿐 아니라 그들에게 멋지다고 말해줄 수 있다는 점이에요. 너도 마찬가지란다, 꼬마 손님."

그가 의자 위로 올라가는 엘리아브의 머리를 다정하게 쓰다듬으며 말했다.

저명한 심리학자 존 가트맨John Gottman은 칭찬이 부부 관계와 부모 자식 관계, 그리고 조직 안에서의 인간관계를 안정시키는 데 필수적인 요소라고 설명했다. 칭찬의 역할은 구성원들을 고무시켜 좋은 상황이 더 좋아지도록 만드는 데 그치지 않는다. 우리는 모든 관계에 몇 번씩 찾아오는 시련 속에서도 서로를 칭찬하며 힘든 상황을 극복하고 상처 입은 관계를 더 튼튼하게 회복할 수 있다.

마크 트웨인Mark Twain은 "좋은 칭찬 한마디가 사람을 두 달간 버티게 해준다"라고 말했다. 대부분의 사람이 적어도 두 달에 한 번씩 머리를 자르러 가는 것은 이런 이유 때문일 것이다. 그곳에서 그들은 아름다워지고, 아름답다는 말을 들을 수 있다.

Short Cuts To

사
랑
이

찾
아
오
는

모
든

순
간

Happiness

✂ .... 지난번 아비와 만났을 때,
그는 내게 숙제를 내주었다.

"〈난 어때?What About Me?〉(영국 음악가 제이미 카토와
던컨 브리지먼이 7개월간 세계 곳곳의 사람들을 만나며 음
악과 예술, 삶에 관한 영감을 촬영한 다큐멘터리 영화-옮
긴이)라는 영화 꼭 보세요. 정신 못 차리게 좋을 거
예요."

나는 그의 권유를 따랐고, 실제로 너무 좋아서 정신
을 차릴 수가 없었다. 특히 5대륙에 걸친 현실 세계를
뛰어넘는 이 세상 것이 아닌 것만 같은 명곡으로 구
성된 OST는 작품의 다양한 주제를 완벽하게 살려주
고 있었다.

얼마 뒤 그와 마주쳤을 때, 나는 그가 내준 숙제를 마
쳤으며 빨리 영화 이야기를 하고 싶어 죽을 지경이라

고 말했다. 그는 미소를 지으며 대답했다.

　"사랑합니다, 형제여."

　나는 어색한 미소와 작별 인사로 화답했다.

　살면서 내가 "사랑해"라는 말을 해준 사람은 그렇게 많지 않으며, 하나같이 피를 나눈 가족이거나 최소 몇 개월 이상 만났던 연인이었다. 그러나 아비는 내가 그들에게 했던 것과 정확히 같은 식으로 내게 사랑한다는 말을 했다.
　나는 스스로 아비의 유일한 사랑이 아니라는 사실을 잘 알고 있었다. 이렇게 자유롭게 사랑을 표현하는 태도가 자칫 감정의 가치를 깎아내리지는 않을까? 솔직히 아비의 말을 듣기 전까지, 나는 '사랑한다'는 말을 남발해서는 안 되며 가장 특별한 관계를 위해 아껴둬야 하는 표현이라고 생각했다.

그러나 더는 확신할 수 없었다. 어쩌면 내가 틀리고 아비가 옳을지도 몰랐다.

당시 나는 심리학자 바버라 L. 프레드릭슨^{Barbara L. Fredrickson}의 저서 《사랑 2.0^{Love2.0}》을 읽고 있었다. 프레드릭슨은 사랑에 '긍정 공명^{Positivity Resonance}'이라는 새로운 의미를 부여해야 한다고 주장한다. 그녀의 주장에 따르면, 우리는 다른 사람과 서로 긍정적인 관계를 맺을 때마다 사랑을 경험한다. 사랑은 연인과 스킨십을 할 때도 찾아오지만 친구와 따뜻한 포옹을 나누거나, 지인을 다정한 눈빛으로 바라보거나, 길거리에서 일어난 재밌는 사건 때문에 모르는 행인들과 함께 웃을 때도 찾아온다.

사랑의 허들을 조금 낮춘다고 해서 사랑의 가치나 존재 의미가 떨어지는 것은 아니다. 오히려 현실은 정

반대다. 사랑이 찾아오는 모든 순간을 깨닫는다면, 우리는 이 감정을 더욱 열심히 추구하고, 사랑을 느낄 때 더 크게 감사할 것이다. 사랑은 우리 주위에 있고, 언제든 마주칠 수 있다. 그런 의미에서 아비와 내가 영화에 대해 얘기하며 서로 바라보고, 함께 웃고, 상대의 생각을 이해할 때 느껴지는 감정은 분명 사랑이었다.

　나는 그런 감정을 느낄 때마다 "사랑해"라는 표현을 더 자주 하기로 결심했다. 세계 최고의 사랑 전문가인 바버라 프레드릭슨의 주장에 반대할 사람이 어디 있겠는가?

Short Cuts To

나를 위해 남을 돕는다

Happiness

✂️ .... 그 다음번에 이발소에 들렀을 때, 나는 아비에게 왜 〈난 어때?〉라는 영화를 추천했느냐고 물었다. 그는 그 영화 안에 미래보다 현재를 충실히 사는 방법과 이 세상의 아름다움을 제대로 감상하는 법을 포함하여 여러 가지 강렬한 신념이 담겨 있기 때문이라고 대답했다.

"가장 인상적이었던 것은 인생의 초점을 '나' 중심에서 '타인' 중심으로 옮겨가는 이야기였어요."

그는 계속해서 우리가 전체의 일부분이며, 우리 모두의 행동이 상호 연관되어 있다는 진리를 이 영화가 어떤 식으로 풀어냈는지 설명했다.

"세상이 정말 그렇게 이뤄져 있다면, 우리 각자가 하나의 거대한 모자이크를 구성하는 조각이라면, 우리가 좁은 시야를 넓히고 개인의 자아를 넘어서려고 노력하는 건 당연한 일이에요."

"그게 무슨 뜻이죠?"

나는 물었다.

"타인에게 기꺼이 손을 내밀어 돕는 것은 결국 자기 자신을 돕는 것과 같아요. 우리는 모두 하나로 연결되어 있으니까요. 하지만 '나'라는 개인에만 초점을 맞추면 전체에서 아주 작은 부분밖에 보지 못하고, 그 작은 부분을 아무리 정성스럽게 돌본다 하더라도 본인이 실제로 지닌 잠재력의 극히 일부분밖에 실현하지 못하는 거죠."

충분히 일리 있는 주장이었다. 현재 세계 여러 나라에서 우울증 환자가 늘어나고 있는 것은 분명한 사실이며, 심리학자들은 이러한 현상의 여러 원인 중 하나가 점점 자기중심적으로 변해가는 사회 분위기라고 입을 모은다.

> "하지만 자신에게 집중하는 태도도 중요해요. 내가 아무것도 갖고 있지 않다면 남에게 나눠줄 것도 없을 테니까요."

내가 덧붙였다.

> "물론이죠. 나 또한 전체 모자이크의 일부인데, 그 조각을 소홀히 해선 안 돼요. 문제는 초점의 전체 혹은 대부분을 자기 자신에게만 맞추는 태도예요. 그건 전체와의 연결을 포기하는 행동이고, 결과적으로 자신의 행복마저 포기하는 셈이니까요."

자아는 '삶의 질'이라는 전체 파이의 극히 일부일 뿐인데, 시야의 범위를 그 작은 부분으로 제한하는 순간 나머지 부분에 잠재된 가능성을 내다버리는 꼴이 된다. 작은 부분을 100퍼센트 달성한다고 해도 여전히 작은 부분일 뿐이다. 다른 사람들에게 집중하고 나눠주고 도와줌으로써, 우리는 파이 전체를 활용할 수 있다. 나 또한 그 파이의 일부임은 물론이다.

나는 린다 캐플런 탈러Linda Kaplan Thaler와 로빈 코발Robin Koval의 저서 《나이스The Power of Nice》에서 읽은 구절을 떠올렸다.

"타인의 걱정에 관심을 기울이면 내 걱정과 근심에서 주의를 돌릴 수 있다. 이것은 심리 치료보다 훨씬 경제적인 처방이다."

나는 아비에게 이발 요금을 지불하고 아이들을 데리러 학교로 출발했다.

Short Cuts To

조
용
한 성
장

Happiness

아비와 나는 때때로 침묵에 잠겼다. 공기를 가르며 머리카락을 자르는 가위 소리, 비인간적일 만큼 정밀하게 뒷머리를 깎아내는 이발기의 단조로운 기계음, 수염을 매끄럽게 잘라내는 면도날의 사각거림.

공허 속에서 아름다움이 탄생한 경우도 많고, 침묵 속에서 성장하는 경우도 많다.

단
둘
이
놀
자

나는 보통 특정한 질문이나 주제를 생각하지 않고 아비를 찾아갔고, 대화가 자연스럽게 흘러가도록 내버려두었다. 그러나 이번에는 분명한 고민거리가 있었다.

나는 인생에서 가장 많이 신경을 쓰고, 가장 많이 시간을 쏟는 일인 '육아'에 대해 아비의 의견을 듣고 싶었다. 아이들은 무엇보다 소중한 존재였지만 내가 그들을 위해 해야 하는 일들, 가령 학교에 데려다 주고, 데리러 가고, 밥을 먹이고, 징글징글한 다툼을 화해시키고, 침대에 데려가 재우고, 다시 침대로 찾아가 깨우는 모든 의무 때문에 결국 지치고 말았다.

"정말 끝이 없어요!"

나는 하소연을 마친 뒤 간절한 마음으로 아비의 대답을 기다렸다.

"그런 기분이 들 때 제가 하는 일이 있죠. 아이에게 단둘이서만 놀아달라고 요구하는 거예요."

"놀아달라고 요구한다고요? 진심이세요?"

"그럼요. 잘 생각해보세요. 아이들은 친구들과 놀거나 방과 후 활동을 하느라 무척 바빠요. 하지만 그 애들도 아빠와 보내는 시간이 필요하다는 걸 알고 있어요."

처음에는 '요구'라는 표현이 다소 거칠게 느껴졌지만, 깊이 생각해보니 아비의 제안이 부모와 아이 모두에게 도움이 되는 육아법이라는 사실을 알 수 있었다.

부모가 아이와 단둘이 시간을 보내면 단순히 기계적으로 수행하는 일상의 의무와는 완전히 다른 기쁨을 느낄 수 있다. 허기를 채우기 위해 허겁지겁 음식을 입속으로 밀어넣는 것과 먹고 싶은 음식을 천천히 음미하는 것은 전혀 다른 경험이니까.

아이는 부모님과 함께 시간을 보내기만 해도 즐거움을 느끼고, 온전한 관심의 대상이 되었다는 사실에서 뿌듯함을 느끼며, 무엇보다 자신이 엄마, 아빠에게 기쁨을 주는 존재라는 것을 확인하며 자신을 더욱 사랑하게 된다.

노벨상 수상 심리학자인 대니얼 카너먼Daniel Kahneman은 일반적으로 부모가 다른 활동에 비해 아이와 시간 보내는 일을 즐기지 못한다는 연구 결과를 발표했다. 그 원인 중 하나는 부모가 다른 일이나 다른 사람들과의 관계에 신경을 쓰느라 아이에게 집중하지 못하기 때문이다. 관심이 여러 곳에 분산될수록 육아는 지치고 힘든 경험이 된다. 그러나 다른 일을 잠시 제쳐두고 아이들과 온전히 시간을 보내면 즐거움과 더불어 삶의 활력을 얻을 가능성이 높다.

아비는 많은 부모가 육아 슬럼프를 극복하기 위해

아이와 떨어져 지내는 방법을 떠올린다고 말했다. 물론 건강한 육아나 건강한 부부 관계를 유지하기 위해, 때로는 어른들끼리만 시간을 보낼 필요도 있다. 그러나 부모와 자녀가 함께 시간을 보내면서 관계를 회복하는 일도 그에 못지않게 중요하다.

"우리는 아이들을 위해 많은 일을 하고 있어요. 하지만 그만큼 자기 자신도 돌봐야 하죠. 그러려면 무작정 아이와 떨어지려고만 할 것이 아니라 아이와 함께 관계를 만들어가는 노력도 해야 해요."

아이와 단둘이 온전한 시간을 보내면서 부모는 육아가 '단순한 의무'가 아니라 '즐길 수 있는 활동'이라는 점을 확인한다. 우리는 더 좋은 부모가 될 수 있고, 동시에 더 행복한 부모가 될 수 있다.

일주일 후, 아내의 부탁으로 물건을 사러 나갔다가 딸과 둘이서 길을 걷는 아비를 보았다. 두 사람은 미소 띤 얼굴로 손을 꼭 잡고 있었다.

되
도
록 적
게,
필
요
한 것
만

이 시점까지 이 책의 존재를 아는 사람은 내 아내, 타미^{Tami}뿐이었다. 나는 자료가 충분히 모일 때까지 아비에게 원고 작업을 알리고 싶지 않았다. 자신의 이야기가 책으로 나온다는 사실을 의식한 순간 그가 특유의 편안함과 즉흥성을 잃어버릴까봐 두려웠기 때문이다. 출판 전에는 당연히 허락을 받을 계획이었지만, 적어도 짧은 책 한 권 분량의 원고가 모인 다음에 이야기를 하고 싶었다.

처음 원고를 구상할 때부터, 나는 아비에게서 얻은 교훈을 제대로 담아내려면 책 전체의 길이와 각 장의 분량을 짧게 써야 한다고 확신했다. 아비는 '간결한 것이 더 아름답다$^{Less\ is\ more}$'는 말을 인생의 원칙으로 삼은 사람이었고, 그를 주인공으로 쓴 책이 그 자신의 원칙을 무시한다는 것은 말이 되지 않았다.

아비는 여느 때처럼 이발소에 들어선 나를 미소로

맞이했다. 처음에는 헤어드라이어 소음 때문에 대화를 이어갈 수 없었지만, 얼마 후 소리가 잦아들자 금방 이야기꽃이 피었다. 타이밍 좋게 말문을 튼 것은 머리를 말리던 여성 손님이었다.

"저는 아이들에게 제가 어린 시절 갖지 못했던 것들을 전부 해주고 싶어요."

아비는 거울을 통해 세심하게 관찰하면서 빗과 손을 사용해 그녀의 머리를 손질하고 있었다. 손님의 말을 듣고 나서, 그는 전혀 감정적 판단을 싣지 않은 목소리로 대답했다.

"아이들의 필요와 욕구를 모두 충족시켜주고 싶다는 마음 뒤에는 부모의 지극한 사랑이 있죠. 하지만 꼭 필요한 도움을 제외하면, 부모가 많은 것을 해줄수록 아이들이 얻는 것은 더 적어진답니다."

그 말을 듣고서 나는 훌륭한 교육자였던 마리아 몬
테소리Maria Montessori를 떠올렸다. 그녀는 부모에게 아
이가 혼자 할 수 있는 일을 대신 해주지 말라고 조언했
다. 그녀의 관점에서 아이를 정말 위하는 길은 되도록
적게, 필요한 도움만 주는 것이었다.

만약 아이가 내 도움 없이 신발 끈을 묶을 수 있다면
시간이 아주 촉박하지 않은 한 혼자 하게 내버려두는
편이 좋다. 아이가 식사 준비를 도울 만큼 자라면, 되
도록 적은 도움만 받고 식사 준비에 최대한 많이 참여
해야 한다. 이렇게 자란 아이들은 시간이 흐를수록 독
립적이고 자신감 있는 사람이 된다.

몬테소리의 생각은 '오컴의 면도날Occam's Razor'이라
고 불리는 유명한 철학 원리를 바탕으로 나온 것이다.

14세기 영국의 철학자 오컴은 이론을 구성할 때 최대한 단순한 가정에 따르고, 꼭 필요하지 않은 복잡한 요소를 전부 잘라내야 한다고 주장했다. 그런 의미에서, 아이를 기를 때 필요하지 않은 도움을 최대한 자제하라는 아비의 이야기는 '아비의 면도날'이라고 부를 수 있을 것이다.

이 대화가 끝나고 몇 분 뒤, 아비의 면도날은 내 피부가 최대한 매끈해지도록 목덜미를 훑으며 불필요한 머리칼을 깨끗하게 잘라냈다.

산다는 건 배운다는 것

때는 오후 6시였고, 나는 그날 아비의 마지막 손님이었다. 카린이 이미 퇴근한 뒤라 아비는 내 머리를 직접 감겨준 후 의자로 안내했다. 그는 10시간 가까이 서서 일한 상태라 말할 필요도 없이 무척 피곤해 보였다.

"힘든 하루였죠?"

나는 침묵을 깨고 물었다.

"그렇네요."

아비답지 않게 짧은 대답이 돌아왔다.

"이제 퇴근하면 식사를 하고 TV를 보며 쉬다가 잠자리에 들 수 있겠네요?"

"아, 그건 아니에요. 6시 반까지 가게를 정리하고 학교에 가야 하거든요."

"학교라니요?"

"지난달부터 비즈니스 영어 수업을 듣고 있거든요. 이번 주말에 11급 진급시험이 있는데, 아직 공부할 게 산더미예요. 내년까지는 30급이 되는 게 목표랍니다."

나는 자기계발과 개인 성장을 향한 아비의 열정에 새삼 놀랐다. 무엇보다, 나는 그의 지혜가 학문에 대한 강렬한 열망에서 나온다고 믿는다.

성인 교육 전문가 낸시 메르츠 노드스트롬Nancy Merz Nordstrom은 이렇게 말했다.

"평생 학습은 나이와 함께 찾아오는 지혜를 더욱 깊이 있게 해준다."

아비와 같이 나이 든 후에도 배움의 끈을 놓지 않는 다면 뇌를 활발하게 사용함으로써 인지 기능을 향상시키고, 호기심과 매력을 갈고닦음으로써 인간관계까지 개선하는 효과를 기대할 수 있다. 배움은 신체적, 정신적 건강에 중요한 역할을 한다. 우리는 인생의 의미를 찾으며 심리적으로 행복해지고, 삶을 적극적으로 만들어나가며, 신체적으로도 튼튼해진다.

나는 학자로서, 학문에 일생을 바친 동료 학자들에게 둘러싸여 살아왔다. 그러나 특정한 연구 방법론을 활용하여 특정한 주제를 깊이 파고드는 교수들과 달리, 아비는 이발사로 일하며 얻은 경험을 포함하여 다양한 주제를 다양한 방식으로 배워나갔다. 영어 선생님부터 이발소 손님까지, 영화부터 노래까지, 교과서부터 직접 체험까지, 그에게는 모든 것이 학습 교재였다.

분노를 즐거움으로 바꾸는 방법

지금껏 수많은 작가가 '지중해인의 기질'을 다룬 글을 썼다. 지중해 사람들은 열정적이고, 호들갑스럽고, 조급하고, 격렬하고, 다혈질이고, 쉽게 사랑에 빠지는 경향이 있다. 어쩌면 날씨 때문일지도 모른다. 유전자 탓일 수도 있고, 물이나 채소, 혹은 그들이 자주 먹는 요리 후무스(병아리콩, 참깨, 올리브유를 섞어 만든 음식 – 옮긴이)의 영향일지도 모른다. 원인이 무엇이든, 그 효과는 분명하다. 이 지역 거리에서는 유독 경적과 함성이 자주 들려오며, 사람들은 더 많은 손짓과 과장된 표정을 써서 대화한다.

아비의 이발소처럼 폐쇄된 공간도 예외는 아니다. 에어컨을 켜고 창문을 꽉 닫은 날에도 바깥세상의 격렬한 감정은 여지없이 침투해 들어온다. 때로는 문틈으로 살며시 스며들지만, 때로는 감정의 주인이 정문을 통해 당당히 들어오기도 한다.

그날도 그랬다. 그 중년 여성 손님은 소파에 앉아 자신의 기분을 상하게 한 신발가게 점원의 무례함과 천박함과 상스러움에 대해 있는 대로 불평을 늘어놓았다. 그녀가 한바탕 푸념을 마치자 아비는 이렇게 말했다.

"전 원래 성미가 불같았지만, 친구에게 배운 기술 덕분에 분노를 조절할 수 있게 됐어요."

이어서, 그는 우리에게 주차장에서 차를 대는 상황을 상상해보라고 말했다. 당신은 회의에 늦었고, 빈자리를 찾아 주차장을 몇 분이나 빙빙 돌았다. 마침내 차를 빼려는 운전자가 보였고, 당신은 그가 차에 올라타고 주차장을 빠져나가는 동안 참을성 있게 기다렸다. 그런데 당신이 그 빈자리를 향해 움직이려는 찰나, 커다란 SUV가 나타나 겨우 생긴 주차 공간을 가로채버렸다!

"제 입장에서 그 운전자의 행동은 싸움을 거는 거나 다름없어요. 최소한 창문을 열고 욕이라도 한바탕 퍼부어줘야 속이 시원할 일이죠."

아비는 말했다. 신발가게에서 기분을 잡친 여자 손님과 나는 그의 말에 동의하며 열심히 고개를 끄덕였다. 아비는 이야기를 이어갔다.

"하지만 당장 그 순간에는 깨닫지 못해도, 그렇게 감정을 표출하는 행동은 결국 제게 상처를 입힐 뿐이에요. 제가 싸움이나 논쟁에서 이기더라도 결국은 분노가 안에서부터 저를 잡아먹게 되거든요."
"그럼 어떻게 해야 하나요?"

여성 손님이 물었다.

"방금 내 자리를 가로챈 것이 대형 SUV가 아니라 커다란 젖소였다고 생각하는 거예요."

여자 손님과 나는 웃음을 터뜨렸다.

"거봐요! 효과가 있죠? 만약 주차 공간을 가로챈 것이 젖소였다면, 자리를 뺏긴 사람도 싸움을 걸기보다한번 크게 웃고 말 거예요. 상상력을 조금만 발휘하면 남은 하루를 씩씩대며 보낼 필요가 없어져요. 우리는 진짜 싸움을 벌여야 할 때가 언제인지 선택하는 법을 배워야 해요. 살다 보면 반드시 화를 터뜨리고 싸워야 할 때도 있지만 대개는 그렇지 않거든요."

감정 대체를 다룬 심리학 연구는 이미 많이 나와 있

다. 심리학자들은 분노를 공감으로, 스트레스를 즐거움으로 대체하는 방법을 연구했다. 예를 들어, 심리학자 조 토마카Joe Tomaka는 시험 불안증에 시달리는 학생들이 시험에 대해 갖고 있던 '위협의 대상'이라는 이미지를 '도전의 대상'으로 바꾸어보았다. 결과적으로 학생들은 더 차분하고 창의적인 성격으로 변화하였으며 실제로 성적도 향상되었다.

사용하는 단어를 바꾸거나(가령 '위협'을 '도전'으로 바꾼다든지) 상상력을 활용하는 것만으로도(SUV가 젖소라고 상상한다든지) 상황에 대한 관점과 경험이 완전히 바뀔 수 있다.

그날 내가 받은 숙제는 각종 상황에서 분노를 가라앉힐 수 있는 상상 속 이미지를 미리 생각해두는 것이었다. 그중에서 가장 유용했던 이미지는 주차장에서 젖소를 보며 껄껄 웃는 현명한 친구의 모습이었다.

상처 주는 사람을 안아주세요

✂️ .... 식료품점에 장을 보러 가다가 아비의 이발소를 지나게 된 나는 창문 너머로 그에게 손을 흔들었다. 그런데 손을 들어 답하는 그의 표정이 별로 좋지 않았다. 당장은 가게에 다른 손님이 있었기에, 나는 일단 장을 본 뒤 가게에 다시 들러 그의 안부를 묻기로 했다.

몇 분 뒤 돌아왔을 때 그는 혼자 있었다. 나는 이발소 문을 열고 들어갔다.

"아비, 괜찮아요?"

내가 물었다.

"그냥 조금 슬프네요."

그는 살짝 미소 지으며 대답했다.

"무슨 일 있었어요?"

"손님에게 내 사업에 대해 얘기했거든요. 왜, 있잖아요. 염색약이요. 그런데 그 손님이 제 사업의 비전을 무척 나쁘게 평가하더군요. 대표가 영어를 잘 못하니 잘될 리가 없다나요. 물론 내 영어 실력은 나도 잘 알아요. 그래서 수업도 듣는 거고요. 하지만 그분의 태도는……."

우리는 둘 다 몇 분 동안 말을 잃었다. 가게 안에는 목소리도, 사각거리는 가위 소리도 없었다. 그저 에어컨의 낮은 소음과 멀리 고속도로에서 들려오는 자동차 소리가 희미하게 울릴 뿐이었다.

마침내 아비가 입을 열었다.

"마음의 상처를 입었을 때, 저는 우선 마음이 그 상처를 온전히 느끼도록 내버려둬요. 무슨 얘긴지 알죠? 자연스럽고 인간적인 감정이 흐르도록 허락하는 거예요."

나는 고개를 끄덕였다. 그는 말을 이어갔다.

"하지만 저는 오늘 조금 다른 방법을 택했어요. 최근에 시작한 건데……."

그는 웃으며 나를 바라보았다.

"그 손님을 안아줬어요."
"안아줬다고요? 왜요?"
"그 사람이 그걸 필요로 했거든요. 남을 상처 입히는 사람들은 대개 스스로 상처 받은 상태예요. 그들은 누구보다 다정한 보살핌을 원하죠. 저는 포옹을 함으로써 그에게 필요한 보살핌을 준 거예요."

나는 예전에 누군가에게 들었던 잔인한 동물 실험을 떠올렸다. 격렬한 고통을 느꼈을 때, 가령 순간적으로 강한 전기 충격을 받았을 때, 동물이 가장 먼저 보이는 행동은 바로 옆에 있는 다른 동물을 공격하는 것이다. 고통을 받으면 동물은(그리고 인간은) 저도 모르게 이성을 잃고 만다.

대부분의 경우 타인에게 상처를 주는 행동은 나 자신이 고통을 느꼈기 때문에 그것에 본능적이고 무의식적으로 하는 반응이다. 그러나 불행히도, 인간이든 동물이든 고통의 반응을 표출할수록 상처는 점점 크게 벌어진다. 사람 사이에, 심지어 국가 사이에 종종 갈등이 벌어지는 것은 이런 부정적인 상호 작용의 결과물이다. 작은 의견 차이나 사소한 논쟁이 연쇄 반응을 통해 걷잡을 수 없이 커지는 것이다.

나는 아비가 평화주의자가 아니라는 사실을 안다.

그러나 그는 꼭 필요한 경우가 아니면 갈등을 반기지 않는다. 자신에게 상처 준 사람을 꼭 안아줌으로써, 그는 잠재적인 고통의 연쇄 반응을 막고 불필요한 고통의 사슬을 끊었다.

아비는 인간의 본성이 본질적으로 선하며, 개인이 잔인한 행동을 하거나 무신경하게 구는 것은 대부분 내적 고통에 대한 반응 때문이라고 믿는다. 고통의 반응을 자주 일으키는 사람에게 가장 필요한 것은 그가 자신과 타인에게 상처를 주지 못하도록 따뜻하게 안아주는 것이다.

Short Cuts To

함
께 커
피
를 마
시
는 시
간

Happiness

아비의 가게는 우리 동네 편의점 바로 옆에 있다. 나는 종종 편의점에서 물건을 산 후 그에게 들러 가벼운 잡담을 나누곤 한다. 하루는 내가 막 자리를 뜨려는데, 이웃 주민 중 한 사람이 피로와 스트레스에 찌든 모습으로 이발소 문을 열었다. 보아하니 너무 바빠서 몇 시간 전으로 잡았던 예약 시간을 놓친 모양이었다.

"정말 정신없는 하루였어요. 숨 돌릴 틈도 없이 일만 했죠. 내일 같은 시간에 다시 들러도 될까요?"
"그럼요."

아비가 말했다. 그러고는 이렇게 물었다.

"커피 한 잔 하고 가실래요?"
"고맙지만 힘들겠어요. 시간이 없거든요."

그는 문을 향해 돌아섰다. 나는 두 사람의 대화가 거기서 마무리되리라 생각했다. 그러나 아비의 생각은 조금 달랐다.

"제가 마시려고 지금 막 커피를 끓였거든요. 함께 드시면 어때요? 오래 붙잡지 않을게요. 몇 분이면 돼요."

손님은 잠시 멈춰섰다. 아마도 그날 하루 중에서 그가 처음으로 멈춘 순간이었을 것이다.

"좋아요. 까짓거, 한 5분 있다 가죠 뭐."

며칠 뒤 아비를 만났을 때, 그는 지난번에 마주쳤던 바쁜 손님 얘기를 꺼내며 커피에 대한 자신의 훌륭한 철학을 들려줬다.

"아시다시피, 저는 늘 손님에게 커피를 대접해요. 하지만 시간이 있을 때, 혹은 그럴 필요가 있다고 느낄 때는 단순히 커피만 주는 것이 아니라 함께하려고 하죠."

나는 '커피를 주는 것'과 '함께하는 것' 사이에 무슨 차이가 있는지 혼란스러웠다. 이 생각은 틀림없이 표정에 드러났을 것이다. 아비는 말을 이어갔다.

"어떤 사람들은 무엇을 받는 데 거부감이 없지만, 어떤 이들은 받는다는 것 자체를 불편해 해요. 아마도 상처 입은 경험이 있거나, 다른 개인적인 이유가 있어서겠죠. 하지만 그런 분들도 무언가를 공유하거나 함께하는 시간에는 좀 더 열린 마음을 갖고 있을 확률이 높답니다."

세계적인 사회심리학자 로이 바우마이스터Roy Baum-eister도 저서를 통해 이와 비슷한 주장을 했다. 그는 인간이 늘 어느 조직에든 소속되어야 하는 존재이며, 인간관계를 형성하고 사회적 유대를 유지하며 공동체의 일부가 되는 것이 우리의 선천적이고 근본적인 필요조건이라고 말했다.

약 400년 전, 영국의 시인 존 던John Donne은 이렇게 말했다.

"사람은 온전한 섬이 아니다. 모든 인간은 대륙의 한 조각이며, 전체의 한 부분이다."

우리는 종종 다른 사람과 함께하거나 어느 집단에 소속되고 싶다는 욕구와 필요를 느낀다.

함께 커피를 마시며 시간을 보내고, 조언과 대화를 나눈다는 것은 상대와 함께한다는 뜻이다. 이러한 공

유는 우리 자신이, 그리고 곁에 있는 사람들이 혼자가

아니라는 사실을 확신시켜준다.

지금 당신에게 필요한 칭찬

아비의 아들이 가게로 들어왔을 때, 나는 카린에게 샴푸를 받고 있었다. 그녀는 능숙한 손길로 한 달에 한 번씩 치르는 내 의식을 도와주면서 말했다.

"아비는 정말 훌륭한 아버지예요. 아이와 제대로 대화할 줄 알죠."

나는 이발소 의자에 앉아 순서를 기다리면서 거울에 비친 아비 부자의 모습을 바라보았다. 아비는 아들의 지리 공부를 도와주고 있었다. 두 사람은 남쪽의 아슈켈론을 시작으로 이스라엘의 해안 도시들을 쭉 나열했다. 아이가 북쪽의 나하리야까지 무사히 암기했을 때, 아비는 그를 칭찬했다.

"아빠는 수업을 열심히 듣고, 시험 공부도 열심히 한

네가 너무 자랑스러워."

아이들의 학교생활이나 축구 경기에 대해 칭찬할 때, 아비는 늘 성적이나 재능보다는 그들의 노력과 열정을 강조했다.

"저는 아이가 목적지에 도달했다는 사실이 아니라 그 여정을 견뎌냈다는 점을 칭찬해주고 싶어요."

예전에 내가 그랬듯이, 대부분의 부모는 아이에게 '똑똑하다'거나 '아름답다'거나 '재능 있다'라는 말을 해주는 것이 좋은 일이라고 생각한다. 그들은 이런 말이 자녀의 자부심과 행복, 성공 가능성을 올려줄 것이라고 믿는다. 그러나 연구 결과, 이런 칭찬은 아이들에게 도움이 되기는커녕 해를 끼친다는 사실이 밝혀졌다.

스탠퍼드대학교 심리학과의 캐럴 드웩Carol Dweck 교수는 초등학교 5학년 아이들을 무작위로 섞어서 두 그룹으로 나눴다. 각 그룹의 학생들은 연령에 맞긴 하지만 상당히 난이도가 높은 문제를 풀었고, 대부분 정답을 맞췄다. 문제 풀이를 마친 후, 첫 번째 그룹 아이들은 지능이 높다는 칭찬을 받았고("넌 참 똑똑하구나"), 두 번째 그룹 아이들은 노력에 대한 칭찬을 받았다("넌 정말 열심히 했어").

이어서 진행된 2차 실험에서, 아이들은 지금까지 배운 범위 안에서 나오는 문제를 또 한 번 풀게 될 것이며, 이번에는 난이도가 어려운 시험과 쉬운 시험 두 가지 중에서 하나를 선택할 수 있다는 이야기를 들었다. 똑똑하다는 칭찬을 들었던 첫 번째 그룹의 대다수는 쉬운 시험을 택했다. 그러나 노력을 칭찬받았던 두 번째 그룹의 약 90퍼센트는 더 많은 배움의 기회를 얻기 위해 어려운 시험을 골랐다.

3차 실험에서는 모든 학생이 연령대에 비해 객관적으로 아주 어려운 문제를 풀었다. 첫 번째 그룹 아이들은 문제를 풀지 못한다는 사실에 좌절하고 비참해졌지만, 두 번째 그룹은 문제풀이에 필요한 고민과 그에 수반되는 배움 자체를 즐겼다. 드웩은 연구 결과를 이렇게 설명했다.

"똑똑하다는 칭찬을 들은 아이는 문제를 못 풀었을 때 자신이 더 이상 똑똑하지 않다고 생각하며 공부에 대한 흥미를 잃습니다. 반면, 노력에 대해 칭찬받은 아이들은 실패를 해도 상처를 받지 않으며 때로는 어려운 문제를 앞에 두고 더 큰 에너지를 발휘하기도 해요."

드웩은 3차 실험이 끝난 후 두 그룹의 아이들에게 첫 번째 시험과 똑같은 난이도의 문제를 다시 한 번 풀게

했다. '똑똑한' 첫 번째 그룹 아이들은 1차 실험보다 훨씬 나쁜 성적을 거뒀지만, '노력한' 두 번째 그룹은 먼젓번보다 더 좋은 성적을 거뒀다.

아비는 아이가 도전을 두려워하지 않도록 칭찬하는 법을 직감적으로 알고 있었다. 내게도 그런 직감이 있으면 좋겠지만 안타깝게도 현실은 그렇지 못하니, 나 같은 사람은 계속해서 공부하고 이발소에 드나들며 정진하는 수밖에 없다.

Short Cuts To

오
래
오
래

행
복
하
게

살
았
습
니
다

Happiness

대부분의 사람이 심리치료에 필요한 비용과 시간을 감당할 수 없는 세상에서, 이발사와 미용사는 저렴한 비용과 적은 시간으로 비슷한 효과를 보장하는 전문가들일 것이다. 물론 심리상담가의 직업적 기술과 이발사, 미용사의 기술은 완전히 다르다.

그러나 이들에게는 눈에 띄는 공통점이 있다. 그들은 모두(이발사든 심리상담가든) 직업적으로 고객의 입장에 자신의 입장을 맞춘다. 그들이 고객과 나누는 대화는 특별한 주제나 정해진 방향 없이 즉흥적으로 이뤄진다. 그들에게 가장 중요한 능력은 상대와 친밀한 관계를 맺는 기술이다. 마음에 드는 이발사나 상담가를 만난 고객은 그들의 단골이 된다.

아비는 턱수염도 없고 담배도 피우지 않으며 오스트리아 태생이 아니라 모로코 혈통이지만, 그의 이야기를 듣다 보면 종종 프로이트의 논문이 떠오른다. 프로이트와 마찬가지로 아비는 일과 사랑의 중요성을 정확히 인식했으며, 우리는 대개 이 둘 중 하나 혹은 둘 모두를 주제로 대화를 나눴다. 그러나 일을 너무 중요시한 나머지 때때로 사랑의 영역을 희생하며 살았던 프로이트와 달리, 아비는 두 영역 사이에 적절한 균형을 찾아야 한다고 주장했다.

머리를 자르려고 그를 찾았던 어느 날, 나는 이발소 문이 닫힌 것을 보았다. 그날이 아비의 오후 휴무일인 화요일이라는 사실을 깜빡했던 것이다. 다음 날 다시 가게에 들른 나는 소파에 앉아 배경 음악으로 흘러나오는 부이카Buika의 〈이런 사람 또 없습니다No Habrá Nadie En El Mundo〉를 들으며 아비에게 휴일을 어떻게 보냈느냐고 물었다.

"가족과 놀러 다니면서 보냈죠. 만약 사람들이 인간 관계에 일을 할 때 드러내는 만큼의 열정을 쏟는다면 새로운 세상이 펼쳐질 거예요. 사람들의 삶은 훨씬 나아지겠죠."

이혼율이 역사상 최고치를 기록했다는 사실과, 몇 년간 결혼 생활을 지속한 부부가 대부분 결혼 초기에 기대했던 애정 어린 관계를 유지하지 못한다는 사실은 그리 놀랄 일이 아니다. 가족 간의 유대는 점점 약해지고 있다. 아비는 사람들이 일과 사랑에 들이대는 이중 잣대를 지적했다.

"꿈의 직업을 손에 넣은 사람들은 그 일을 유지하기 위해 엄청난 노력을 기울여요. 하지만 그들 중 상당수는 신혼여행에서 돌아오자마자 사랑의 관계에 대한 투자를 중단하죠."

매력의 법칙은 중력의 법칙과 달리 끊임없는 노력을 통해서만 유지된다. 오래오래 행복한 삶을 유지하기 위해 깊은 사랑이 필요하다는 사실은 동화책만 봐도 알 수 있다.

머리를 깎으러 이발소 문을 밀고 들어갔던 그날 오후, 나는 고된 하루를 마치고 기진맥진한 상태였다. 그러나 아비와 함께 친밀한 시간을 보낸 뒤 기력을 회복하고서는, 사랑하는 가족과 시간을 보낼 생각에 들뜬 마음으로 귀가할 수 있었다.

Short Cuts To

신뢰를 얻는 가장 좋은 방법

Happiness

✂ ⋯⋯⋯⋯⋯⋯⋯⋯⋯⋯⋯⋯⋯⋯ 한 달에 한 번 머리 깎는 날을 맞아 아비의 가게를 찾은 나는 마침 이웃에 사는 대형 첨단기술 회사의 COO(최고운영책임자)가 그곳에서 머리를 하고 있는 것을 보았다. 동네에서 마주친 적은 있었지만 그녀가 아비의 손님일 거라고는 상상하지 못했기에, 그 모습은 조금 놀랍게 느껴졌다. 그녀는 내가 들어오는 것도 모른 채 사무실에서 엑셀 시트를 검토하는 것과 거의 비슷한 열정을 쏟으며 헤어스타일에 집중하고 있었다.

COO는 수많은 질문을 던졌고, 아비는 침착하게 대답했다. 그녀가 아비에게 머리를 조금 더 짧게 잘라달라고 부탁했을 때, 그는 손으로 커다란 공 모양을 만들며 이렇게 말했다.

"머리카락은 기본적으로 중력에 의해 아래로 내려오지만, 길이가 충분하지 않으면 붕 떠버려요. 여기서 조금만 더 자르면 머리가 산발이 될 겁니다."

몇 분 뒤 커트를 마친 COO는 가게를 나서며 미소
띤 얼굴로 말했다.

"있잖아요. 사실 새로운 헤어스타일이 잘 어울릴까
싶어서 좀 불안했거든요. 하지만 당신은 결국 제 신
뢰를 얻었어요."

아비는 그녀와 함께 웃었지만 그것은 어쩐지 슬프고
허무한, 전혀 그답지 않은 미소였다.

가위로 내 옆머리를 잘라내는 동안에도 그는 평소답
지 않게 매우 조용했다. 대화를 나누고 싶었던 나는 방
금 나간 손님 이야기를 꺼내며 먼저 말을 걸었다.

"어떻게 하면 그렇게 손님의 신뢰를 얻을 수 있나요?"

"글쎄요……."

그는 눈썹을 찡그리며 말했다.

"손님에게 신뢰 이야기를 듣다니 참 웃긴 일이에요. 사실 며칠 전에 가까운 비즈니스 파트너에게 실망한 일이 있거든요. 3년이나 함께 일한 친구였죠. 하지만 그는 결국 신뢰를 무너뜨렸어요."

잠시 동안 아무도 입을 열지 않았다. 존 레전드^{John Legend}가 부르는 〈내 모든 것^{All of me}〉만이 침묵 속에서 공허함을 채워주었다. 아비가 노래를 듣는지 친구 생각을 하는지 알 수 없었지만, 그를 방해하고 싶지 않았다. 그는 노래가 끝나자마자 대화를 이어갔다.

"신뢰를 얻는 가장 좋은 방법은 신뢰를 주는 거죠. 친
구 일은 저를 무척 슬프게 했어요."

그는 말했다.

"하지만 그 일로 제가 다른 사람들과 관계를 맺는 방
식이 달라지진 않을 거예요. 신뢰를 주는 삶은 제가
택한 인생의 방향이자 제가 이 세상에 존재하고 싶
은 방식이에요. 그러니 다른 사람의 행동에 좌우되
지 않아요."

그는 다시 한 번 침묵에 빠져들었다가 이렇게 덧붙
였다.

"저는 이전에도 사람 때문에 실망한 적이 있고, 앞으
로도 있을 거예요. 하지만 대부분의 경우, 타인을 신

뢰하는 제 성격은 그들도 저를 신뢰하도록 이끌죠."

심리학자들은 일명 '공정성 이론Equity Theory'이라고 불리는 개념에 대해 많은 연구를 진행했다. 이 이론에 따르면, 대부분의 사람은 어떤 것을 받았을 때 보답하고 싶다는 욕구를 지니고 있다. 실제로 보통 사람들은 받은 것과 동등한 가치를 지닌 것을 돌려주지 못하면 마음에 불편함을 느낀다. 이런 성향은 선물이나 돈처럼 물질적인 교환뿐 아니라 친절과 신뢰를 포함한 비물질적인 교환에도 적용된다. 다시 말해서, 신뢰는 대부분 신뢰를 낳는다.

가끔 이 이론이 빗나갈 때도 있지만, 아비는 실망과 슬픔 속에서도 자기만의 방식으로 자신에 대한 신뢰를 이어나가야 한다고 말한다.

7
년
더
오
래
살
고
싶
다
면

대부분의 훌륭한 비즈니스맨과 마찬가지로, 아비는 언제나 고객을 우선시한다. 머리를 깎고 있을 때는 전화벨이 울려도 수화기를 들지 않는다. 손님이 들어오면 밝게 인사한 뒤 상대에게 모든 신경을 쏟는다. 그의 '고객 우선주의' 원칙이 깨지는 경우는 단 한 가지 예외 상황뿐이다. 어머니에게서 전화가 걸려오면, 그는 열 일을 제치고 통화에 집중한다.

그가 막 내 젖은 머리카락으로 마법을 부리려던 찰나, 카린이 다가와 어머니에게 전화가 왔다고 알렸다. 수화기 너머 목소리는 들리지 않았지만, 나는 아비의 대답을 통해 어머니가 한창 일할 시간에 전화해서 미안하다고 사과했다는 것을 알았다.

"어머니, 언제든 편히 전화하시라니까요."

아비는 말했다.

몇 분의 통화 시간 동안, 아비는 끊임없이 "어머니는 제 삶의 전부예요", "어머니는 정말 소중한 분이에요" 등의 찬사를 쏟아냈다. 잠시 후, 어머니는 아들에게 진짜 중요한 질문을 던질 기회를 잡은 것 같았다. 그 질문에 아들은 이렇게 답했다.

"네, 어머니. 아침 먹었어요. 엄청 큰 샌드위치로요. 요즘 아침마다 아이들에게 샌드위치를 만들어주고 있거든요. 애들 먹이고 저도 먹었어요."

통화가 끝나자, 그는 돌아서서 1분쯤 전에 들어온 손님을 맞이했다.

"브라하, 안녕하세요? 들어오자마자 반겨주지 못해 미안해요. 우리 회장님이 전화를 하셨는데, 회장님

전화를 받을 때는 거기 집중해야 하거든요."

그는 미소 띤 얼굴이었고, 아이 엄마인 손님 또한 자신의 아이가 생각나는지 밝은 웃음을 지었다.
성경에는 다음과 같은 가르침이 담겨 있다.

"네 아버지와 어머니를 공경하라. 그러면 네 삶이 주님의 땅 위에 오래 머물리라."

오늘날 우리는 성경이 규정한 부모님(혹은 웃어른) 공경과 수명의 관계를 간접적으로 뒷받침하는 과학적 근거를 몇 가지 갖게 되었다.
예일대학교 공중보건대학의 베카 레비Becca Levy 교수는 노후에 대해 긍정적인 시각을 지닌 사람들이 노후를 부정적으로 바라보는 사람보다 평균 7년 이상 더 오래 산다는 사실을 발견했다.

노후를 긍정적으로 바라볼 수 있는 바탕 중 하나는 노인에 대한 공경이다. 노인을 존경하는 태도는 긍정적인 나이 듦의 원인이자 결과이기 때문이다. 우리가 부모님을 비롯한 어른들의 지혜를 존중하고 존경할 때, 그들의 이야기를 듣고 배우며 함께 시간을 보낼 때, 우리는 그들에게 더 큰 감사를 느끼게 되고 결과적으로 자기 자신의 수명을 연장시킬 수 있다.

아비의 고객들은 사실 그와 어머니의 관계를 접하면서 이익을 얻고 있다. 부모를 공경하는 태도가 가져다주는 건강상의 이익을 고려할 때, 늘 어머니를 1순위에 두는 그가 이발소를 더 오래 경영할 가능성이 크기 때문이다.

Short Cuts To

행운을 몰고 다니는 사람들의 비결

Happiness

커트를 하려고 이발소 의자에 앉아 있는데, 아비가 뜬금없이 이런 말을 꺼냈다.

"제가 힘든 시기를 지나고 있거나 어려운 결정을 내려야 할 때가 되면, 늘 여러 경로를 통해서 도움이 될 만한 정보가 찾아와요."

그의 말에 흥미를 느낀 나는 그게 무슨 뜻인지 물었다.

"세상에 진심으로 귀를 기울이면 우연히 듣게 된 라디오 사연이나 식당에서 옆 테이블 사람들이 나누는 대화에서도 중요한 교훈을 얻을 때가 있어요. 세상을 제대로 바라보면 광고판이나 자동차 범퍼 스티커에서도 꼭 필요한 정보를 얻을 수 있죠."

설명을 마친 그는 잠시 침묵을 지키며 내게 방금 들은 이야기를 꼭꼭 씹어 소화할 여유를 주었다.

내가 교실 안팎에서 만난 다른 훌륭한 선생님들과 마찬가지로, 아비는 가끔 처음에는 이해가 안 되지만 언젠가는 무릎을 탁 치게 만드는 교훈을 들려주곤 했다. 이번 교훈의 경우는 시간이 좀 걸렸다. 내가 그의 말을 완전히 이해한 것은 가게를 나선 뒤 한참 동안 우리 대화를 곱씹은 다음이었다.

영국 심리학자 리처드 와이즈먼Richard Wiseman은 어째서 어떤 사람들은 스스로, 혹은 남에게서 운이 좋다는 평가를 받는지에 대해 과학적 근거를 탐구했다. 그 결과, 와이즈먼은 운이 따르는 사람들이 외부에서 보내오는 메시지에 신기할 정도로 개방적인 태도를 보인다는 사실을 발견했다. 운이 없는 사람은 라디오에서 흘러나온 중요한 정보나 광고판에 담긴 유용한 힌

트를 무심코 지나친다. 반면 운 좋은 사람은 멈춰서서 방금 들은 정보를 메모하고 우연히 얻은 기회를 최대한 활용한다.

비슷한 얘기로, 세계적인 창의력 계발 전문가 에드워드 드 보노Edward De Bono는 팀의 문제해결을 위해 사전에서 임의로 선택한 단어를 활용해보라고 조언한다. 사전을 펼치고 무작위로 단어를 택한 뒤, 이 단어를 현재 직면한 문제의 출발점으로 삼아보라는 것이다. 모든 단어가, 심지어 겉보기엔 문제와 아무 상관없는 단어조차도 중요한 메시지를 담고 있거나, 최소한 우리를 문제의 핵심에 데려다줄 수 있는 잠재력을 갖고 있다.

아비라고 늘 운이 좋기만 한 것은 아니다. 그 또한 대부분 사람과 마찬가지로 크고 작은 도전을 마주하며 살아간다. 그러나 그는 자신이 정말로 행운아라고 생각한다. 이는 와이즈먼이 찾아낸 운 좋은 이들의 또 다른 공통점을 상기시킨다. 스스로 운이 좋다고 믿는 사람들은 일종의 자기충족적 예언처럼 그 믿음을 현실로 만드는 일이 많다는 것이다.

　나는 아비를 만난 것이 참 운 좋은 일이라고 생각한다.

뜻밖의 즐거움을 맞이하라

그날 아비의 가게 문을 열었을 때, 나는 뮤지컬 〈그리스^{Grease}〉에 나오는 꿈속의 미용학교 세트장(프랭키 아발론$^{Frankie\ Avalon}$이, 머리에 은박지 모자를 쓰고 분홍색 재킷을 입은 여성들에게 둘러싸여 노래하는 바로 그 장면) 속으로 걸어 들어온 듯한 기분을 느꼈다.

세 명의 여성이 소파에 앉아 있었는데, 그중 두 명은 머리에 롤을 말고 한 명은 은박지를 두른 모습이었다. 네 번째 손님은 가게 가운데 의자에 앉아 있었고, 아비는 스피커에서 흘러나오는 호세 펠리치아노$^{José\ Feliciano}$의 〈레인^{Rain}〉을 흥얼거리며 그녀의 머리칼을 매만지는 중이었다.

"나중에 다시 올게요."

나는 약간 어색한 기분을 느끼며 배경음악 너머로

외쳤다. 대사나 안무도 모르는 상태에서 갑자기 무대로 떠밀려나간 기분이었다.

"그래요. 오후 시간에는 좀 더 조용할 거예요. 그때 다시 오셔서 우리끼리 얘기해요."

아비는 이렇게 대답하더니, 갑자기 한마디를 덧붙였다.

"보여줄 게 있는데, 기다리는 동안 생각할 거리가 될 거예요."

계산대 쪽으로 걸어갔다 온 그의 손에는 스마트폰이 들려 있었다.

"매일 아침 자신을 돌아보게 되는 좋은 글귀를 문

자로 보내주는 친구가 있거든요. 몇 년 동안 하루도 빠지지 않고 받았는데, 오늘은 이런 내용이었어요."

인생은 변한다.

인생이 변하면 규칙도 변한다.

규칙이 바뀌면 새로운 규칙서를 써야 한다.

오늘의 생각: 혹시 인생이 변하고 있는데 당신만 멈춰 있는 것은 아닐까?

인생의 규칙은 다른 무엇도 아닌 현실에 맞춰 변화해야 한다. 그러나 우리는 종종 이 사실을 잊은 채 미리 정해진 규칙에 현실을 맞추려고 한다.

나는 경영대학원에 다니는 동안 수없이 배웠던, 시장 변화와 새로운 접근법의 필요성을 무시한 탓에 실패한 기업들의 사례를 떠올렸다.

현대 경영학의 아버지라 불리는 피터 드러커Peter

Drucker는 20세기 말에 이런 말을 했다.

> "오늘날 같은 격변의 시대에는 변화가 바로 표준입
> 니다."

이 새로운 표준을 받아들이지 않는 것은 실패로 가
는 지름길이다. 드러커의 발언 이후로도 수십 년이 지
난 지금은 더욱더 그렇다.

변화를 수용하는 태도는 단순히 사업을 할 때만 중
요한 것이 아니다. 수많은 부부의 결혼 생활이 무너지
는 가장 큰 이유는 상대방이 소위 '완벽한 배우자'가
아니며 언제든 변할 수 있는 사람이라는 진리를 받아
들이지 않기 때문이다.

자신의 미래나 타인의 행동을 미리 정해놓은 틀 안
에 가두지 않고 인생이 주는 '즐거운 놀라움'을 받아들인다면 예기치 못한 사건을 만났을 때 당황하기보다 기쁨을 느낄 것이며, 결과적으로 삶이 훨씬 풍요로워질 것이다. 인생에는 정답이 없고, 만약 있다 해도 우리는 절대 알 방법이 없다. 그런데 왜 우리는 이다지도 꽉 막힌 규칙에 집착하는 걸까? 사실 규칙이란 언제든 고쳐 쓸 수 있는 것인데 말이다.

삶에는 정답이 없지만, 다행히 가끔은 계획에 맞게 흘러가기도 한다. 약속대로 아비의 가게를 다시 찾아 그의 지혜로운 말들을 독점할 수 있었던 그날 오후처럼.

Short Cuts To

힘든 시기는 꼭 필요한가

Happiness

긍정에 대해 연구하는 심리학자로서 종종 마주하는 장애물 중 하나는 '저 사람은 늘 행복한 기분으로 지내겠지?'라는 사람들의 기대다. 실패의 중요성과 고통스러운 감정의 필연성에 대한 책까지 썼지만, 제자들은 물론 일부 가까운 친구들마저 내게 어두운 면이 전혀 없으리라 지레짐작한다. 내게는 '행복 전문가'라는 딱지가 붙어 있으며, 그것은 내가 모든 심리적 위기 상황에 대한 해답을 알고 있다는 뜻이다. 이 딱지는 너무 단단히 붙어 있어서 때로는 떼어내기가 거의 불가능하다.

아비와 함께하는 시간이 행복한 이유는 꼭 행복할 필요가 없기 때문이다. 그는 고뇌를 비롯한 내 모든 면을 있는 그대로 바라본다. 인간 중심 상담이론의 선구자로 인정받는 칼 로저스Carl Rogers는 상대방의 감정에 공감하는 능력인 '공감적 이해Empathic Understanding'야말로 심리치료 과정의 핵심이라고 주장했다.

우울한 기분으로(그리고 우울한 표정으로) 이발소 문을 열었던 어느 날 아침, 아비는 너그러운 미소와 함께 두 팔 벌려 나를 맞이한 뒤 내 침묵까지 이해해 주었다. 나는 그냥 거기 있었고, 그 또한 그저 나와 함께 있었다.

정교한 마무리 작업, 다시 말해 구레나룻을 섬세하게 정리하고 목덜미에 남은 머리카락을 털어낼 때가 되어서야 그는 침묵을 깨고 입을 열었다.

"내 친구가 이런 훌륭한 말을 한 적이 있어요. 앞으로 나아가려면 한 번씩 힘든 시기를 겪어야 한다고요."

더 많은 얘기를 하는 대신, 그는 프랑스 가수 루안 에머라^{Louane Emera}의 〈비상^{Je Vole}〉을 틀어주었다. 노래가 끝났을 때, 그는 이 곡이 청각장애인 부모님과 남동생을 둔 가수 본인의 이야기를 담은 영화 〈미라클 벨리에^{La famille Bélier}〉의 주제곡이라고 말했다.

그가 하고많은 작품 중에서 이 노래와 영화를 처방하기로 마음먹은 이유는 뭐였을까? 나는 그에게 물었다. 그러나 그는 대답 대신 이렇게 얘기할 뿐이었다.

"영화를 본 후에 당신이 생각한 이유를 들려주세요. 이제 이건 당신 몫이에요."

나는 영화를 보았고, 그의 생각을 이해했다. 〈미라클 벨리에〉는 침묵 속에 존재하는 풍요, 음악의 아름다움, 관계의 소중함, 그리고 우리가 앞으로 나아갈 때 종종 찾아오는 고통에 관한 작품이었다.

Short Cuts To

모든 일 중에서 가장 중요한 일

Happiness

✂ ···································· 그날은 일정이 바빴기에, 나는 평소보다 조금 일찍 이발소를 찾았다. 아비는 어머니와 통화 중이었다. 그는 다음 날 있을 저녁 식사에 함께할 사람들에 대해 몇 분간 이야기하고, 마지막으로 사랑한다고 말한 뒤 전화를 끊었다.

"어머니와 매일 통화하시나요?"

내가 물었다.

"당연하죠."

"금요일 저녁마다 어머니 댁에 식사하러 가세요?"

"물론이죠."

그의 대답은 딱히 놀랍지 않았다. 이곳에서는 대부분 아이들이(여기에는 성인 자녀도 포함된다) 매일 어머니와 대화하고, 많은 가족이 금요일 저녁마다 모인다. 이 정기적인 가족 모임 문화는 내가 대단히 좋아하는 이스라엘 풍습이다.

심리학에는 지극히 상식적이고 예측 가능한 연구들이 있다. 이를테면 육체적인 운동이 정신 건강에도 좋다거나 가진 것에 감사하는 태도가 삶의 질을 높인다는 주장은 딱히 과학적 근거가 뒷받침되지 않아도 설득력을 인정받는다.

그러나 전 세계 국가의 행복도를 비교한 심리학 연구는 직관적으로 믿기 어려운 결과를 보여준다. 행복도 순위에서 꾸준히 상위권을 차지하는 나라는 덴마크, 콜롬비아, 코스타리카, 호주, 이스라엘 등이다. 덴마크나 호주는 충분히 납득할 만하지만, 이스라엘과 콜롬비아가 목록에 있다는 사실 탓에 순위의 정확성을 의심하게 된다. 이 두 나라는 역사적으로 상당한 시련을 겪었고, 지금도 힘든 시기를 지나고 있다. 어떻게 이 나라의 국민이 행복할 수 있단 말인가?

연구진은 이 질문에 대한 분명한 답을 찾아냈다. 세계에서 가장 행복한 국가들의 공통점 중 하나는 그 나라 사람들이 사회적 연대감을 강하게 느낀다는 점이다. 그들은 관계의 중요성을 강조하며, 관계를 모든 일의 우선순위에 둔다.

나는 이 새로운 발견을 아비에게 전했다.

"당연하죠. 세상에 가족과 친구들보다 더 중요한 것은 없어요."

그는 대답했다. 많은 이가 연구 결과에 동의하지만, 실제로 현대 사회에서 이런 원칙을 지키며 살아가는 이는 많지 않다. 관계의 우선순위는 종종 재정적, 직업적 문제 다음으로 밀려난다.

매일 어머니와 통화하고 가족과 많은 시간을 함께하면서, 아비는 관계를 최우선순위에 두는 자신의 신념을 말과 행동으로 증명하고 있다. 고객의 안부에 진심어린 관심을 표하면서, 도움을 요청한 친구에게 망설임 없이 달려가면서, 아비는 행복의 필수 조건인 사회적 연대를 실천하고 있다.

그날 이발소에는 탱고위드라이온즈Tango with Lions의 〈바 안에서In a Bar〉가 흐르고 있었다. 아비가 희고 검은 머리카락으로 뒤덮인 미용실 가운을 내게서 막 벗겼을 때 다음 손님이 들어왔다. 소중한 친구에게 작별 인사를 하고 일터로 돌아가면서, 나는 그를 만나기 전보다 조금 더 행복해졌음을 느꼈다.

Short Cuts To

그냥 아무것도 하지 마세요

Happiness

아비는 손님과 대화할 때 종종 자연과 관련된 비유를 든다. 중년 여성 손님에게 예쁘게 머리 기르는 법을 설명하던 그날도 예외는 아니었다.

"페튜니아 줄기에 꽃을 피우고 싶으면 가지치기를 너무 자주 해서는 안 돼요. 일단 충분히 자랄 때까지 자연에 맡기고, 그 다음에 손질을 해야 하죠."

고대 그리스인은 자연의 손길과 사람의 노력, 야생의 힘과 경작의 기술이 조화를 이룬 '정원'이야말로 인간의 이상적인 삶을 형상화한 장소라고 믿었다. 그들이 생각한 이상적인 인생은 선한 본성을 유지하는 동시에 노력과 보살핌을 통해 능력을 키우는 삶이었다.

새 꽃을 피운 여성 손님이 떠난 뒤, 아비는 내 가지를 다듬기 위해 다가왔다.

　"이번 주에 중요한 교훈을 하나 얻었어요."

　그는 앞선 손님과 나누던 대화에서 물 흐르듯이 방향을 전환했다.

　"무슨 교훈인데요?"

　나는 궁금증에 몸이 달았다.

　"때로 문제를 해결하는 최고의 방법은 그냥 아무것도 하지 않는 거더군요."

　그는 내 구레나룻을 다듬는 데 집중하며 잠시 말을 멈췄다가 다시 이어갔다.

"대부분의 사람은 당장 눈앞의 문제를 해결하는 데 집착해요. 물론 이런 태도가 필요할 때도 있지만, 보통은 우리가 아무것도 하지 않고 자연에 맡겼을 때 문제가 저절로 해결되거나 해결책이 명백히 눈에 들어오는 경우가 많아요. 그때가 되면 우리는 무엇을 해야 할지 명확히 알게 돼요."

그가 이야기를 마칠 무렵, 내 머릿속에는 지난 일주일 내내 붙잡고 있던 문제가 자연스레 떠올랐다. 당시 나는 실력 있는 편집자에게서 원고 초안에 대한 신랄한 피드백을 받은 상황이었다. 며칠을 들여 문제가 있는 부분을 고치고 또 고쳤지만 전혀 진전이 없었다. 내가 떠올릴 수 있는 해결책은 원고를 몽땅 버리고 처음부터 다시 쓰거나, 아예 손을 떼고 공동 저자에게 모든 것을 맡겨버리는 것뿐이었다. 그러나 아비의 말을 듣고 나니 또 다른 선택지가 눈에 들어왔다. 나는 아무것도 하지 않고 원고를 잠시 덮어두기로 결심했다.

사실 그의 조언은 혁신 분야에서 수많은 연구에 의해 뒷받침된 방법론과 일치한다. 문제를 해결하기 위한 창의적 방법을 찾기 위해서는 종종 그 문제에서 손을 떼고 전혀 다른 곳에서 새로운 모험을 해야 한다. 훌륭한 정원사는 땅을 일구고 가지치기를 해야 할 때와, 한 발 물러나 자연에 모든 것을 맡길 때를 정확히 안다.

집에 돌아온 나는 컴퓨터 앞에 앉아 워드 프로그램을 켰다. 그러나 이번에 연 파일은 편집자에게 거절당한 원고가 아니었다. 나는 언제나 지혜를 전해주는 따뜻한 이발사에 대한 글을 이어서 쓰기 시작했다.

Short Cuts To

우울과 불행을 해소하기 위해

Happiness

✂... 아비의 이발소 벽에는 깔
끔하고 상쾌한 흰색 바탕에 존 레논^{John Lennon}의 노래
〈이매진^{Imagine}〉 가사가 한가득 쓰여 있다. 이것만 봐도
알 수 있듯이, 아비는 꿈을 사랑하는 사람이다.

"매일 아침 눈을 뜰 때마다 내가 얼마나 운 좋은 사
람인지 떠올려요."

그가 말했다.

"매일 수천 명의 사람이 잠든 채로 깨어나지 못해요.
그들은 더 이상 꿈을 좇을 수 없어요. 게다가 꿈을 꿀
수도 없죠."

아비는 꿈과 관련된 두 가지 요소, 다시 말해 꿈을 좇
는 태도와 꿈을 꾸는 태도에 대해 얘기했다. 이 두 가

지 태도는 행복하고 보람 있는 삶의 필수 요소다. 꿈을 좇아 적극적으로 계획을 실천하는 태도는, 꿈을 외면하고 실행에서 도망치는 태도와 달리, 우리에게 건강한 자신감을 안겨주고 결과적으로 우리를 행복으로 이끈다. 이와 더불어, 자신만의 열망을 품고 꿈을 꾸는 태도는 그 자체로 우울과 불행을 해소하는 결정적인 해결책이다.

사실 슬픔(행복 전문가와 지혜로운 이발사를 포함하여 세상 모두가 이따금씩 겪는 감정)과 우울(일부 사람들이 겪는 감정)의 가장 큰 차이는 희망의 유무다. 슬픈 사람은 슬픔에 대한 해결책을 상상할 수 있지만, 우울에 빠진 사람은 가능성이 있어도 아무 희망을 갖지 못한다. 희망의 근원은 바로 꿈이다.

나는 아비가 꿈을 이루는 게 중요하다고 말하지 않는 데 깊은 인상을 받았다. 꿈을 이루고자 하는 사람이 실제로 그 꿈을 손에 넣을 확률이 높은 것은 사실이다. 그러나 하버드대학교의 심리학자 대니얼 길버트Daniel Gilbert가 보여줬듯이, 장기적인 행복에 더 큰 영향을 미치는 요소는 꿈의 결실이 아니라 꿈을 갖고 그것을 추구하는 태도였다.

행복을 얻기 위해 반드시 성공하거나 큰 성취를 얻어야 하는 것은 아니다. 우리가 해야 할 일은 아침에 일어나서 우리가 꿈을 꿀 수 있다는 사실에 감사하는 것뿐이다.

Short Cuts To

넘침과 모자람 사이

Happiness

✂ ························· 아비는 훌륭한 지혜를 지닌 생활 철학자일 뿐 아니라 뛰어난 이발사다. 월드컵 기간 동안 호날두처럼 보이고 싶다는 우리 아들의 소원이나, 딸의 결혼식장에서 그레이스 켈리$^{Grace Kelly}$처럼 보이고 싶다는 한 어머니의 요청을 정확히 들어주는 그의 실력을 본 뒤로, 나를 포함한 손님들은 그를 '황금 손'이라고 부른다. 그 경이로운 미용 기술과 민첩한 경영 감각을 잘 활용하면, 아비는 충분히 작은 이발소 이상으로 사업을 확장할 수 있을 것이다.

나는 그에게 왜 도시 중심가에 큰 가게를 얻지 않는지, 어째서 지점을 내주며 사업을 키우지 않는지 물었다. 그는 사업 확장을 여러 번 고민했지만 결국 그와 반대되는 결정을 내렸다고 답했다.

"저 자신에게 질문을 던졌죠. '이게 정말 내가 원하는 길인가? 아니면 남들이 다 그래야 한다고 하니 마지 못해 따르는 것인가?'"

아비는 현대 문화 속에서 너무 당연하게 여겨지는 '할 수 있다-해야 한다' 연결고리에 대해 얘기했다. 우리는 성장할 수 있다면 당연히 성장해야 한다고 생각한다. 그러나 꼭 그럴 필요가 있을까?

"잘 아시다시피 저는 지금 가진 것에 만족하는 사람이에요. 제 주변에는 사업 확장 자체를 새롭고 흥미로운 도전으로 여기는 사람이 많고, 그런 이들에겐 도전이 큰 행복을 가져다주겠죠. 하지만 제게는 아니에요."

그는 12세기에 살았던 유대인 현자 마이모니데스 Maimonides의 말을 인용했다.

"욕망의 반이라도 이루고 죽는 사람은 없다."

아비는 십여 년 전 자신이 아무리 큰 집, 좋은 차, 풍족한 은행 계좌를 갖고 있어도 항상 더 많은 것을 원한다는 사실을 깨달았다고 말했다. 그는 무의미한 질주를 계속하며 끝까지 욕망을 충족시키지 못하는 삶과, 달리기를 멈추고 가진 것에 만족하는 삶 사이에서 선택을 해야 했다. 이어서 그는 또 다른 유대인의 지혜인 《탈무드》를 인용했다.

"부자란 누구인가? 자기 몫에 만족하는 자가 바로 부자다."

아비는 잠시 멈췄다가 얘기를 이어갔다.

"아무것도 없던 옛날로 돌아가고 싶다는 말이 아니

에요. 어린 시절이나 가게를 막 열었을 때처럼 재정적으로 곤란한 상황은 다시 겪고 싶지 않아요. 제가 어린아이였을 때, 야파 사람들은 이렇게 얘기하곤 했죠. '돈이 많으면 고민이 생기고, 돈이 없으면 문제가 생긴다.' 저는 가난을 원치 않아요. 하지만 굳이 부자가 될 필요도 없다고 생각하죠."

그가 젊은 시절에 처음 깨닫고 평생에 걸쳐 발전시킨 이 통찰은 아리스토텔레스의 윤리학 전반에 깔린 사상과도 일치한다. 마이모니데스에게도 큰 영향을 미쳤던 인물인 아리스토텔레스에 따르면 우리는 넘침과 모자람 사이에서 중용, 즉 '황금률'을 찾아야 한다.

스피커에서는 엔리케 이글레시아스Enrique Iglesias의 〈춤을 추며Bailando〉가 흘러나왔다. 아비는 내 머리카락을 자르면서 멜로디를 흥얼거렸다. 정말 완벽한 균형이었다.

Short Cuts To

뭐
그
리
바
쁘
세
요

Happiness

아비는 늘 손님들에게 천천히 살라고 말한다. 이발소 문을 열고 목을 빼꼼 내밀어 대기자가 있는지 확인한 뒤 다음에 다시 오겠다고 말하는 손님에게, 그는 이렇게 말한다.

"왜 그리 서둘러요? 그냥 소파에 앉아서 잠시 기다리시면 돼요."

이 말을 들을 때마다, 나는 명상이 곧 '가만히 앉아 있는 시간'이라고 말하는 불교 수행자들이 떠올랐다. 실제로 내가 아비와 함께 있을 때 느끼는 평온함은 명상이나 요가 수련을 할 때 찾아오는 느낌과 여러모로 닮았다.

앉아서 천천히 기다리라는 아비의 말은 내게 이발소와 미용실이 반문화 혁명의 토대가 될 수 있다는 확신을 가져다준다. 현대 문화는 패스트푸드와 빠른 자동차, 가벼운 섹스를 포함하여 즉각적인 만족과 변화를 일으키는 것들에 중독되어 있다. 시간을 나누는 단위는 초에서 나노초로 쪼개졌고, 장기적인 성공보다 분기별 실적이 중시된다. 그러나 삶의 속도가 기하급수적으로 증가하는 동안 이를 따라가지 못하고 자신이 실패했다고 느낀 채 불행에 빠지는 사람 또한 점점 많아지고 있다.

이런 현실 속에서, 이발소와 미용실은 속도 중독의 해독제와 같은 장소가 되었다. 차례를 기다리고, 머리를 감고, 자르고, 다듬고, 다시 머리를 감고, 웨이브나 스트레이트 약을 바르고 앉아 있는 이 모든 과정에는 시간이 걸린다.

어떤 이들은 머리를 다듬는 시간에 할 수 있었던 여러 가지 일을 떠올리며 괴로워하지만, 대부분의 손님은 그 시간을 편안한 휴식과 재충전의 기회로 여긴다.

그들은 다정한 사람들로 가득한 곳, 어디로도 달릴 필요가 없는 평온한 섬에 와 있는 기분을 느낀다.

칼 오너리Carl Honoré는 저서 《느린 것이 아름답다In Praise of Slow》에서 시간을 들여 만든 음식과 느긋하게 나누는 대화, 사랑의 가치를 강조했다.

내가 가장 존경하는 선생님 중 한 명인 하버드대학교의 심리학자 고故 필립 스톤Philip Stone 교수는 종종 존재Being와 행동Doing을 대조하곤 했다. 그는 행동에 대한 서구인의 집착이 순수한 존재의 기쁨을 희석시킨다고 주장했다.

조금 더 먼 과거로 돌아가면, 우리는 19세기 영국 작가 메리 앤 에번스Mary Ann Evans(《미들마치Middlemarch》로 유명한 소설가 조지 엘리엇George Eliot의 본명 – 옮긴이)가 강조했던 느림의 미학을 확인할 수 있다.

"우리는 정신없는 삶의 흐름 속에서 황금빛 순간을 흘려버리고 오직 모래만을 본다. 때때로 천사들이 우리를 찾아오지만, 우리는 그들이 돌아간 다음에야 그들의 존재를 깨닫는다."

우리는 멈추고 기다리고 참는 능력을 잃어가고 있다. 이를 되찾는 방법은 그것을 더 자주 멈추고 기다리고 참는 것뿐이다. 육체의 근육을 강화하기 위해 헬스장에 가듯이, 우리는 이발소와 미용실을 찾아가 기다림의 근육을 강화함으로써 그 안팎에 있는 아름다움을 더 많이 경험하고 더 깊이 음미할 수 있다.

Short Cuts To

현실을 살아간다는 것

Happiness

한동안 아비의 모습이 보이지 않았다. 나는 이발소에 들러 카린에게 그가 어디에 있느냐고 물었다. 그녀는 아비가 사업차 이탈리아와 네덜란드로 출장을 갔고, 다음 주에 돌아올 예정이라고 말했다. 나는 그녀에게 감사를 표한 뒤, 그의 귀국 예정일 이틀 후로 예약을 잡았다.

"사업은 어때요? 출장 간 보람이 있었나요?"

다음번에 아비를 만났을 때 내가 물었다.

"아주 잘돼요. 오늘 아침에도 잠재 투자자들과 회의를 했죠."

나중에 알고 보니 그가 말한 잠재 투자자는 이스라엘에서 가장 큰 헤어제품 회사였다.

"회의는 어땠나요?"

"좋았어요! 그쪽에서 합작 사업을 제안하더군요."

"회의 자체는 즐거웠나요?"

나는 이곳과 전혀 다른 장소에 있는 아비의 모습을 상상하려 애쓰며 물었다.

"그럼요. 아주 즐거웠죠. 하지만 회의를 하다 보니 내가 이 가게를 얼마나 좋아하는지 새삼 알겠더군요. 이곳은 내 직업 인생에서 가장 소중한 보물이고……. 내가 계속 현실을 살 수 있게 해주는 장소예요."

"현실을 산다는 게 무슨 말이죠?"

"예를 들면 이런 거죠. 오늘 아침 회의는 빌딩 45층에 있는 널찍하고 호화로운 사무실에서 진행됐고, 저는 그곳에서 중견 임원들과 사업 이야기를 나눴어요. 그런데 한 시간 후에는 1층에 있는 이 조그만 가게

에서 여덟 살짜리 꼬마 손님의 머리칼을 자르고 있

는 거예요. 그 사실을 깨달았을 때 얼마나 기분이 좋

았는지 몰라요."

나는 아비에게 그 극적인 대비가 어째서 그렇게 좋

았는지 설명해달라고 부탁했다.

"사람은 역할의 함정에 빠지기 쉬워요. 자리가 사람

을 규정한다고 생각하는 거죠. 하지만 중요한 건 처

한 상황에 관계없이 자신의 본질을 기억하는 거예요.

우리는 진짜 자신, 진정성 있는 자신이 되어야 해요."

그가 말하는 동안, 나는 오늘 미용실에 처음 들어오

던 순간 스피커에서 흘러나오던 너티보이^{Naughty Boy}와

비욘세^{Beyoncé}의 〈러닝^{Runnin'(Lose It All)}〉을 떠올렸다. 두

가수는 노래를 통해 인생의 시련에 준비하는 태도의

중요성과 우리 삶의 진정한 이유(진정한 자기 자신)를 잃어버렸을 때 찾아올 위기를 전했다.

자신을 잃지 않고 진정성과 현실성을 유지하는 것은 리더십 분야에서 특히 중요한 자질이다. 하버드경영대학원 교수이자 20세기 유명 경영자 중 한 명으로 꼽히는 빌 조지Bill George는 세계적으로 능력 있고 존경받는 리더들의 핵심 공통점으로 진정성을 꼽았다. 아비는 세계적으로 유명한 경영자도 아니고, 표면적으로는 위대한 리더들과 같은 성취를 얻지 못했지만, 그들처럼 진정성이라는 중요한 자질을 보유하고 있다.

물론 뛰어난 리더들은 서로 다른 상황에 유연하게 적응하고, 눈앞의 상대가 누구냐에 따라 접근 방식이나 대화 스타일을 조절할 줄 안다. 그러나 그 핵심을 들여다보면 그들은 늘 자기 자신에게 충실하다. 아비가 노련한 투자자들과 나눈 대화는 어린 손님과 나눈 이야기와 분명히 달랐겠지만, 친절하고 겸손하며 정직한 그의 본질은 변하지 않았을 것이다.

그의 직업적인 기술을 떠나서, 그가 45세 손님과 8세 손님에게 한결같이 최고의 이발사로 꼽히는 것은 결국 그의 진정성 덕분이다.

Short Cuts To

만약 살 날이 일주일밖에 안 남았다면

Happiness

✂ ⋯⋯⋯⋯⋯⋯⋯⋯⋯⋯⋯⋯⋯⋯⋯⋯ 내가 머리를 다듬기 가장
좋아하는 시간은 아침이다. 아침은 하루 중 그 어느 때
보다 손님이 적고, 따라서 아비와 단둘이 대화를 나눌
기회가 더 많다.

1월의 어느 추운 겨울 아침, 아비는 평소처럼 '오늘
의 노래'를 흥얼거리며 나를 맞았다. 그는 아침에 듣
는 노래가 그날 하루를 결정한다고 믿는다. 그날의 선
택은 이스라엘 가수 이단 라이헬Idan Raichel의 노래로,
'우리의 행운이 언제까지 지속될지 모르니 매일 찾아
오는 기회를 적극적으로 잡아야 한다'라는 메시지를
담고 있었다.

아비는 더 이상 기회를 놓치지 않기로 결심했다고
말했다. 그는 더 많은 책을 읽고, 더 많은 음악을 듣고,
새로운 장소를 더 많이 탐험할 수 있는 휴식기를 원했
다. 사실 그는 정기적으로 일주일에서 한 달가량 가게
를 닫고 여행을 떠나곤 했다. 물론 그 또한 이런 선택

이 사업에 손해를 가져올 수 있다는 걸 알았다. 가게를 닫은 사이에 수입이 끊기는 것은 그렇다 치고, 어떤 고객들은 새로운 단골 이발소를 찾아 이발소를 옮길 수도 있다. 그러나 아비는 인생에 사업보다 더 중요한 것이 있다는 사실을 정확히 알고 있었다.

아비는 종종 스스로 이런 질문을 던진다.

"만약 살 날이 일주일밖에 안 남았다면, 어떻게 시간을 보낼 것인가?"

나는 자기계발 세미나 같은 곳에서 이런 질문을 많이 받았지만, 아비의 입을 통해 들은 질문은 그보다 훨씬 묵직한 울림이 있었다. 나는 그를 잘 알았다. 그에게 이 문장은 단순히 형식적인 질문이 아니었다. 그는 실제로 이 해답을 찾으며 살아가고 있었다.

최근에 스탠퍼드대학교 출신의 심리치료사 어빈 얄롬Irvin D. Yalom의 소설 《쇼펜하우어, 집단심리치료The Schopenhauer Cure》를 읽었다. 작품 속에는 살 날이 채 1년도 남지 않았다는 말을 들은 후 남은 삶을 어떻게 보낼 것인지 고뇌하는 정신과 의사가 나온다.

아비의 성찰은 여러 가지 면에서 얄롬의 고뇌와 닮은 점이 있다. 아비는 우리에게 남은 날이 일주일이든 50년이든 인생은 늘 원하는 것을 모두 이루기엔 너무 짧고, 결국 언젠가 끝나버린다고 말했다. 그렇다면 기다릴 이유가 없지 않은가?

그는 이렇게 덧붙였다.

"게다가, 만약 제가 100살까지 살 수 있다 해도, 저는 다 늙을 때까지 기다리다가 골프 카트에 실려서 만리장성을 오르느니, 한 살이라도 젊을 때 뛰어서 올라가고 싶거든요."

불교 수행자들은 종종 묘지에서 명상하는 수련을 한다. 이것은 내가 굉장히 극단적이라고 생각하면서도 큰 흥미를 느끼는 수행법이다. 이 수련의 목적은 찰나에 불과한 현실의 본질을 깨닫고 지금, 이 순간 진정으로 중요한 것에 집중하는 힘을 기르는 것이다. 아비가 한 번이라도 묘지에서 명상을 했으리라고는 생각하기 어렵다. 그러나 그는 죽은 자들을 떠올리지 않아도 이미 삶의 소중함을 알고 있었다.

고맙다는 인사와 함께 내가 말했다.

"며칠 후에 만나요. 내일 런던으로 떠나거든요."

그는 미소 지으며 다시 한 번 중요한 당부를 했다.

"꼭 멋진 시간을 보내세요."

Short Cuts To

사
랑
을　담
아
서　하
는　말

Happiness

✂ ··· 내가 중요하게 여기는 의식 중 하나는 대규모 강의나 영상 촬영을 앞두고 꼭 머리를 깎는 것이다. 그날은 이상하리만큼 따뜻한 겨울날이었고, 나는 해피어TV의 방송 출연을 위해 오전 9시 정각에 이발소를 찾았다.

내가 대본을 검토하면서 의자에 앉아 있는 동안, 아비는 내 일에 방해되지 않도록 말을 아꼈다. 들리는 소리라곤 배경음악으로 흘러나오는, 전쟁터에서 돌아오지 않는 친구의 연인을 유혹한다는 슐로모 아치Shlomo Artzi의 노래 가사뿐이었다. 그의 유혹이 끝나자 말과 침묵, 전부와 허무의 관계를 묘사한 누벨 바그Nouvelle Vague의 곡이 이어졌다.

몇 곡이 흘러갔을 무렵 아비는 내 머리 손질을 끝냈다. 비용을 지불하고 막 가게를 떠나려는 순간 카운터에 놓인 그의 새 명함이 눈에 들어왔다. 명함 위에는 20세기에 활동했던 뛰어난 유대인 학자 랍비 아브라

함 쿡Rabbi Abraham Kook의 명언이 쓰여 있었다. 나는 그
것을 집어들고 읽었다.

행복의 바탕은 마음속 진리에 대한 사랑, 정직한 인생
에 대한 사랑, 아름다운 감정에 대한 사랑, 선한 행동
에 대한 사랑이다.

뒷면에는 아비 페레츠라는 이름과 그의 전화번호가
찍혀 있었다.

"멋진 명언이네요."

나는 말했다.

"하나만 가져가도 될까요?"
"물론이죠. 지난주에 막 찍었어요. 그전에 쓰던 명함

도 드릴게요. 여기에도 훌륭한 인용구가 쓰어 있죠."

그는 마치 신성한 경전을 다루듯이 조심스럽게 명함을 건네주었다. 그 명함에 쓰어 있는 명언은 달라이 라마^{Dalai Lama}의 가르침이었다.

재물을 쫓느라 건강을 희생하는 자는 결국 잃어버린 건강을 되찾기 위해 재물을 희생하게 된다. 미래를 걱정하는 자는 현재를 즐기지 못하며, 결국 현재도 미래도 온전히 누리지 못한다. 이런 이들은 영원히 죽지 않을 것처럼 살다가 한 번도 살지 못한 것처럼 죽는다.

자신의 생각이든 다른 사람의 훌륭한 말을 인용한 것이든, 아비는 지혜를 전달할 기회를 놓치지 않는다. 나를 포함한 손님들이 별로 말을 하지 않을 때도 마찬가지다. 나는 가게를 나서며 아비에게 감사를 전했고,

그는 종종 손님들에게 하는 대답을 돌려주었다.

"별말씀을. 사랑을 담아서 한 말인걸요."

Short Cuts To

실패해도 안전하다는 믿음

Happiness

사회심리학자로서, 나는 다음과 같은 질문에 대한 답을 찾고 있다.

'인간의 학습과 성장에 도움을 주는 환경은 무엇인가? 다시 말해서, 구성원들의 잠재력을 최대한 이끌어내기 위해서는 어떤 사회 환경이 갖춰져야 할까?'

나는 아비의 이발소를 보며 자주 이 질문을 떠올렸다. 그의 통찰력 있는 조언 외에도, 나를 비롯한 여러 손님이 단정해진 헤어스타일뿐 아니라 들어올 때보다 조금 더 지혜로워진 상태로 이발소 문을 나서게 되는 데는 분명히 어떤 이유가 있었다. 늘 그랬듯이, 아비는 자신의 개인적인 이야기(이번에는 그의 아들 아감Agam이 주인공이었다)를 통해 내게 정답을 알려주었다.

아비는 이번 한 주 동안 아감이 학교에서 힘든 시간

을 보냈다고 말했다. 그는 시험을 망쳤고, 선생님에게 꾸중을 들었다.

"집에 돌아온 아들이 너무 괴로워하기에, 저는 우선 아이가 속마음을 조금 털어놓을 수 있도록 해준 뒤 간단한 질문을 던졌어요. 이렇게 힘든 한 주를 겪기 전과 비교했을 때 지금은 뭐 하나라도 더 알게 되지 않았느냐고요. 아이는 고개를 끄덕였죠. '그럼 그것만으로도 훌륭한 거 아니니?' 제가 말했어요. 그러자 아이의 찡그린 표정이 곧바로 웃음으로 변하더군요."

내가 나 자신과 제자들, 그리고 고객들에게 몇 번이고 반복해서 강조하는 마음가짐이 있다.

"실패하는 법을 배우고, 실패를 통해 배우세요."

실수, 실패, 실망은 성공과 행복을 이루는 데 반드시 필요한 조건이다.

조직을 성공으로 이끄는 비결이 실패를 통한 배움에 있음을 발견한 하버드대학교의 에이미 에드먼드슨Amy C. Edmondson 교수는 '심리적 안전감Psychological Safety'이라는 개념을 제시했다.

"심리적 안전감이란 팀에 대한 신뢰를 바탕으로 개별적 리스크를 두려워하지 않는 구성원들의 일관된 믿음입니다."

심리적으로 안전한 환경은 솔직하고 개방적인 태도와 실패를 통한 상호 학습을 이끌어낸다. 아비가 실패를 겪은 아들과의 대화를 얘기했을 때, 나는 아비의 그런 태도야말로 그가 가족과 고객들을 위해 만들어낸 환경의 본질이라는 사실을 깨달았다.

힘들거나 약한 모습을 마음껏 드러낼 수 있는 안전한 환경 안에 있을 때, 우리는 실패와 비판으로부터 도망치는 대신 시련을 통해 배우고 성장한다. 심리적으로 안전한 환경은 실패에 대한 두려움을 배움에 대한 사랑으로, 자신에 대한 실망을 자아에 대한 탐구로, 찡그린 표정을 웃음 가득한 얼굴로 변화시킬 수 있다.

나는 또 한번 영감을 얻은 상태로 아비의 이발소를 나섰다. 그리고 어떻게 하면 우리 아이들이 있는 집과 학생들이 있는 교실, 동료 교수들이 있는 연구실에서 아비가 만들어낸 것처럼 심리적으로 안전한 환경을 재현할 수 있을지 생각하기 시작했다. 그들에게 실수와 실패가 아무것도 아니라는 사실, 그리고 이를 통해 성장하는 즐거움을 알려주는 것이 내 목표였다.

Short Cuts To

중개자는
없어도
됩니다

Happiness

아비의 가게에서 주고받는 대화의 범위는 대단히 넓어서 매번 나를 놀라게 한다. 손님이든 단순한 방문객이든 이발소를 찾는 사람들은 저마다 주제를 가지고 있으며, 아비는 언제나 상황에 꼭 맞게 재치 있는 대답이나 현명한 침묵을 내놓는다. 어느 날 오후, 가게 안의 대화는 이웃에 있는 유대교회당의 리모델링 공사를 놓고 진행되었다.

사람들이 하는 말에 따르면, 그 유대교회당의 랍비는 더 많은 신도를 유치하려 애쓰고 있었다. 머리를 깎지는 않지만 그냥 놀러 와서 시간을 보내고 있던 한 노신사는 젊은 세대를 종교 의식에 참여시키는 것이 얼마나 어려운지, 그리고 가상현실이 어떻게 진짜 현실을 대체해가고 있는지에 대해 얘기했다.

"요즘은 기도마저 전용 애플리케이션을 받아서 하는 시대가 됐잖아요."

그는 거울 너머로 아비를 바라보며 말했다.

"사실은 저도 하나 받았는데 꽤 괜찮더라고요. 아비,
당신 스마트폰에도 다운받아줄까요?"

아비는 가위를 내려놓더니 그 신사에게 따라오라는
손짓을 보냈다. 두 사람은 유리문 밖으로 걸어나갔고,
이발사는 손가락으로 하늘을 가리켰다.

"저는 기도용 애플리케이션도, 다른 어떤 중개자도
필요 없어요. 저는 신과 직접 연결되어 있거든요."

나는 1838년 랠프 왈도 에머슨^{Ralph Waldo Emerson}이
하버드대학교 신학과 졸업식에서 했던 연설을 떠올렸
다. 그가 교회에서 추방된 것은 우리가 신과 대화하기
위해 중개자가 필요하지 않다고 주장했기 때문이다.

그는 우리가 신과 직접 접촉할 수 있다고 믿었다.

아비는 늘 직접적이다. 그의 말투도 그렇고, 그의 인생관도 그렇다. 그는 아이들이 놀이터 모래밭에서 놀기보다 비디오 게임을 하느라 더 많은 시간을 보내고, 사람들이 해변에서 따사로운 햇살을 쬐는 대신 TV 앞에서 스포츠 중계를 지켜보고, 친구끼리 직접 만나 대화하는 대신 페이스북을 통해 소식을 전하는 세태에 당혹스러워한다. 그는 기술보다 현실을 추구했고, 다른 사람들과 지구, 그리고 신의 존재에 직접적으로 연결되길 원했다.

그날은 햇빛이 쨍쨍했다. 나는 집으로 걸어가는 길에 아름답게 지저귀는 새소리와 나무에서 막 움트기 시작한 새순, 그리고 높고 푸르른 하늘을 관찰했다. 나는 신의 존재를 느꼈다.

기하급수적으로 퍼지는 행복

초반에 설명했듯이, 내가 이 책을 쓰기로 마음먹은 이유 중 하나는 아비의 손님이 되는 행운을 누리지 못한 이들(적어도 나는 나 자신과 우리 동네 사람들을 비롯한 그의 제자들이 행운이라고 생각한다)에게 그의 지혜를 나눠주기 위해서였다.

아비는 내가 본인에 대한 글을 쓴다는 사실을 거의 2년 가까이 눈치채지 못했고, 나는 아직 출간 동의를 받지 못한 상황이다. 그러나 나는 그가 이 원고의 출간을 허락해주리라고 믿어 의심치 않는다. 그는 선한 영향력을 나누는 데 아주 적극적인 사람이기 때문이다.

얼마 전, 한 십 대 소녀가 가게 안으로 들어오더니 아비에게 자선 행사를 위해 만든 티셔츠 32벌의 제작비를 후원해달라고 요청했다. 후원에 동의하면 옷에 이발소를 홍보하는 광고 문구를 새겨준다는 조건이었다.

아비는 제작비를 지원하겠다고 대답하며 두 가지 조

·······
234

건을 걸었다. 첫째, 티셔츠에 이발소 광고 문구 대신 보는 사람들이 웃음을 터뜨릴 만한 웃긴 사진이나 그림을 넣을 것. 둘째, 티셔츠를 받은 자선 단체 회원들이 다른 이에게 한 번 이상 익명으로 선행을 베풀 것.

이발소에서 시작된 아비의 선한 영향력은 잔물결을 일으키며 멀리까지 퍼져나갈 것이다. 사람들이 티셔츠의 웃긴 그림을 보며 웃음을 터뜨릴 때마다, 그들의 몸에서는 실제로 기분이 더 좋아지게 하는 화학물질이 분비된다. 아이에게 익명의 선행을 베풀어달라고 부탁함으로써, 아비는 사람들에게 행복과 건강까지 전파했다. 심리학자 소냐 류보머스키Sonja Lyubomirsky는 연구를 통해 나눔이 물리적인 행복뿐만 아니라 나눈 사람의 정신적 수준까지 올려놓는다는 사실을 밝혀냈다.

영화 〈아름다운 세상을 위하여Pay It Forward〉는 인간의 내면에 잠재된 관대한 본성과 선한 상호 작용의 기하급수적인 영향력을 조명한 작품이다. 할리 조엘 오스먼트Haley Joel Osment가 연기하는 주인공 소년은 세상을 더 살기 좋은 곳으로 만들기 위한 계획을 세운다. 그는 세 명에게 친절한 행동을 하고, 그 사람들에게 자신이 받은 것과 똑같이 세 번의 친절을 베풀라고 요청하면서 파급 효과를 유도한다. 간단히 계산해봐도, 선행을 받은 사람들이 각각 세 명의 다른 사람을 도와주는 식으로 선행을 전파한다면, 21단계 이내로 세계의 모든 사람이 수혜자가 된다는 결론이 나온다.

관대한 대접을 받은 사람은 다른 사람들에게도 더 친절하게 대할 확률이 높다. 선행은 전염성이 강하다. 아비의 지혜도 마찬가지다.

Short Cuts To

걱정을 말끔히 잘라버리는 곳

Happiness

✂ .... 2016년 3월 14일은 내가 이 책을 쓰기 시작한 지 정확히 2년째 되던 날이었다. 나는 몇 달 전부터 바로 그날 아비에게 원고에 대해 털어놓고 출간을 허락해달라고 부탁할 예정이었다. 사실 이것은 내 책보다 그의 책에 가까웠으니까.

나는 오전 10시경 가게로 전화를 걸었다.

"잘 지내죠?"

내가 물었다.

"그럼요. 아주 잘 지내요."

그가 대답했다.

"이따 찾아가도 될까요?"

"언제든 환영이죠."

우리는 정오 무렵 만나기로 약속을 잡았다. 나는 전화를 끊자마자 컴퓨터를 켜고 약 일주일 전에 탈고한 원고를 전부 출력했다.

가게 문을 향해 걸어가는데, 햇빛에 그을려 가무잡잡한 그의 피부와, 탁자에 기대고 있다기보다 탁자를 받치고 있는 듯한 그의 단단한 팔뚝이 보였다. 가게에 도착하기 전까지 내 마음을 채우던 흥분은 그 순간 불안과 두려움으로 변했다.

'만약 그가 내 글을 싫어하면 어떡하지?'
'출간을 거부하면 어떡하지?'
'이 일로 우리 관계가 망가지지 않을까? 새 이발사를 찾아야 하면 어떡하지?'

그는 평상시와 다름없이 소박한 미소를 지으며 나를 맞았다. 내가 그토록 소중히 여기며 절대 사라지게 하고 싶지 않은 미소였다. 나 또한 웃음과 인사로 화답하려 했지만, 어쩐지 입술과 혀가 바짝 말라왔고 목소리는 떨렸다. 나는 소파에 앉아 어색하게 손을 탁자 위에 올렸다.

"무슨 일 있어요?"

내 불편한 태도를 눈치챈 그가 물었다. 나는 수없이 연습을 해서 외우다시피 한 이야기를 바로 시작했다.

"2년 전 오늘, 저는 당신이 저와 다른 손님들에게 해준 말들을 책으로 엮기로 결심했어요. 제게 큰 도움을 주고 제 인생에 변화를 준 바로 그 말을요."

나는 잠시 말을 멈췄다. 아비는 조용했고 얼굴에서 미소는 사라진 상태였다. 그의 표정을 읽을 수 없었기에, 나는 말을 계속했다. 그의 가게를 찾을 때마다 지혜로운 말이나 행동을 관찰했고, 집에 돌아가면 그 내용을 간단히 글로 적었노라고 했다. 나는 가방에서 꺼낸 원고를 건네면서, 다른 사람들이 읽을 수 있도록 이 글을 책으로 펴내고 싶으며, 그러나 출간은 오직 그의 허락을 받았을 때만 진행하겠다고 말했다.

그는 원고의 내용물을 이리저리 살펴보았다. 종이 뭉치 모서리가 바람에 살랑거렸다. 그의 손에 들린 원고는 무척 가벼워 보였다. 잠시 후, 그는 얼굴을 들며 말했다.

"우와, 정말 놀랍네요! 빨리 읽고 싶어 죽겠어요. 내일 이탈리아로 떠날 예정인데, 이 원고를 여행에 가져가야겠어요."

다음 손님이 차례를 기다리고 있었기 때문에 아비는 그를 응대하기 위해 일어서야 했다. 그는 나를 바라보며 미소 지었다. 평소와 똑같은 그 미소는 내 마지막 남은 불안을 말끔히 날려주었다.

다음 날 아비는 공항으로 향하는 길에 내게 메시지를 보냈다.

"큰 선물 감사해요."

나는 답장 버튼을 누르고, 보답하고 싶으면 이스라엘 가수 라미 클라인스타인Rami Kleinstein의 노래를 들어달라고 말했다. 영어로 번역하자면 〈작은 선물Little Gifts〉이라는 제목을 가진 이 노래는 한 세대가 다음 세대에게 물려주는 작은 선물, 다시 말해 감정과 생각, 음악과 기억이 피할 수 없는 인생의 시련을 보다 평온하게 받아들일 수 있도록 해준다는 내용을 담고 있었다.

　노래의 후렴구는 다음과 같은 문구로 끝난다.

　"이 이상 바랄 게 있나요?"

감
사
의
말

⋯⋯⋯⋯⋯

　한 권의 책을 펴낼 때는 언제나 마을 하나 정도의 인원이 필요한데, 이번 책은 특히 라마트하샤론에 있는 따뜻하고 사랑스러운 우리 동네 사람들의 도움으로 출간될 수 있었다.

　유발 커츠Yuval Kutz와 샤니 커츠Shani Kutz 부부에게 특별한 감사를 전한다. 내 소중한 친구이자 파트너인 이들의 귀중한 조언과 지원은 이 원고뿐만 아니라 내 인생에도 큰 도움이 되었다.

　내 인생의 빛과도 같은 세 아이 데이비드, 셔를, 엘리아브는 2년 동안 필요한 것보다 약간 자주 머리를 자르면서 이 책에 도움을 주었다.

내게 경청하며 배우는 법을 알려주신 인생의 롤 모델 부모님에게도 감사한다. 제비크Zevik와 우디Udi, 디오나Dyonna, 가이Guy, 앨런Alon, 라비Lavi에게도 고마움을 표하고 싶다. 나는 정말 축복받은 사람이다.

마지막으로 2년 동안 이 원고의 존재를 아는 유일한 사람이었던 아내 타미에게 감사 인사를 전한다. 여보, 당신은 내게 누구보다 소중하고 믿을 수 있는 친구야.

하버드 교수가 사랑한 이발사의 행복학개론

걱정을 잘라드립니다

1판 1쇄 발행 2019년 12월 20일
1판 3쇄 발행 2020년 8월 7일

지은이 탈 벤 샤하르
옮긴이 서유라
펴낸이 고병욱

책임편집 장지연 **기획편집** 윤현주 유나경
마케팅 이일권 김윤성 김재욱 이애주 오정민
디자인 공희 진미나 백은주 **외서기획** 이슬
제작 김기창 **관리** 주동은 조재언 **총무** 문준기 노재경 송민진

펴낸곳 청림출판(주)
등록 제1989-000026호

본사 06048 서울시 강남구 도산대로 38길 11 청림출판(주) (논현동 63)
제2사옥 10881 경기도 파주시 회동길 173 청림아트스페이스 (문발동 518-6)
전화 02-546-4341 **팩스** 02-546-8053
홈페이지 www.chungrim.com
이메일 cr1@chungrim.com
블로그 blog.naver.com/chungrimpub
페이스북 www.facebook.com/chungrimpub

ISBN 978-89-352-1298-9 (03320)

※ 이 책은 저작권법에 따라 보호를 받는 저작물이므로 무단 전재와 무단 복제를 금지합니다.
※ 책값은 뒤표지에 있습니다. 잘못된 책은 구입하신 서점에서 바꾸어 드립니다.
※ 청림출판은 청림출판(주)의 경제경영 브랜드입니다.
※ 이 도서의 국립중앙도서관 출판예정도서목록(CIP)은 서지정보유통지원시스템 홈페이지
　(http://seoji.nl.go.kr)와 국가자료공동목록시스템(http://www.nl.go.kr/kolisnet)에서
　이용하실 수 있습니다.(CIP제어번호: CIP2019047325)